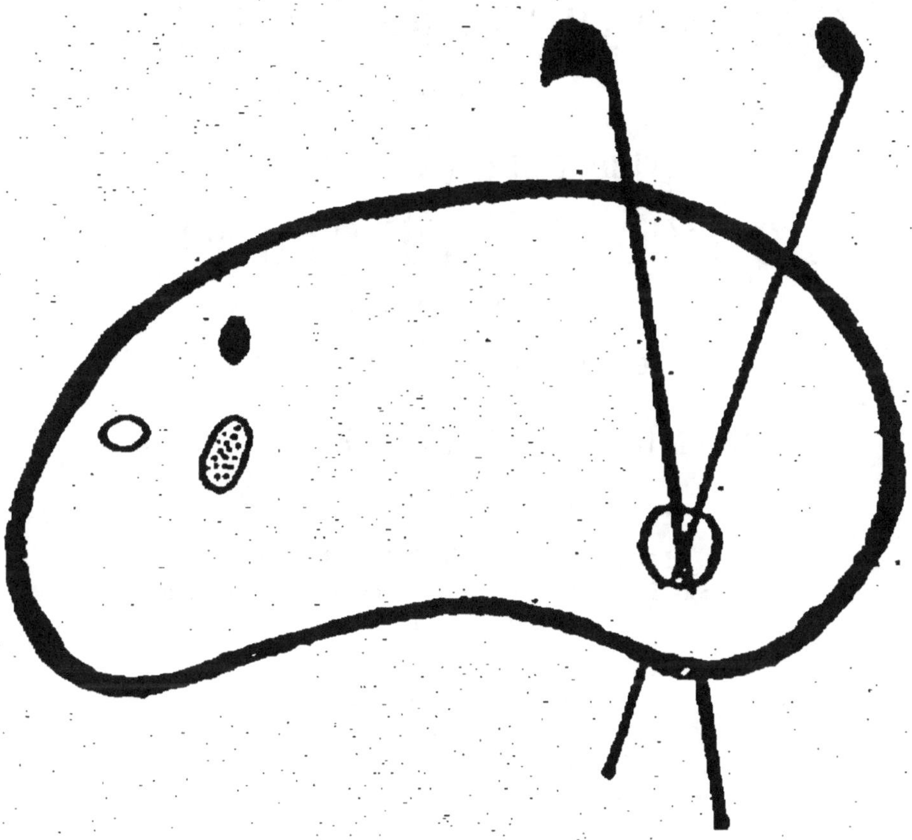

DEBUT D'UNE SERIE DE DOCUMENTS
EN COULEUR

COMMENT RÉSOUDRE

LES

DIFFICULTÉS ÉCONOMIQUES ACTUELLES?

ÉTUDES SUR LA SITUATION

AGRICOLE, INDUSTRIELLE

ET COMMERCIALE

EN FRANCE

ET

LES MOYENS PROPOSÉS EN 1885

POUR L'AMÉLIORER

Par PAUL PIERRARD

MEMBRE DE LA SOCIÉTÉ DE STATISTIQUE DE LONDRES

2ᵉ ÉDITION

SUIVIE DE L'OPINION DE LA PRESSE

PARIS

LIBRAIRIE GUILLAUMIN ET Cⁱᵉ

Éditeurs du Journal des Économistes, de la Collection des principaux Économistes
du Dictionnaire de l'Économie politique
du Dictionnaire universel du Commerce et de la Navigation, etc.

14, RUE DE RICHELIEU, 14

LONDRES

CHEZ L'AUTEUR : 12, MOORGATE, STREET, E. C.

Prix : 1 fr. 50 ou 1 sh. 3 den.

1885

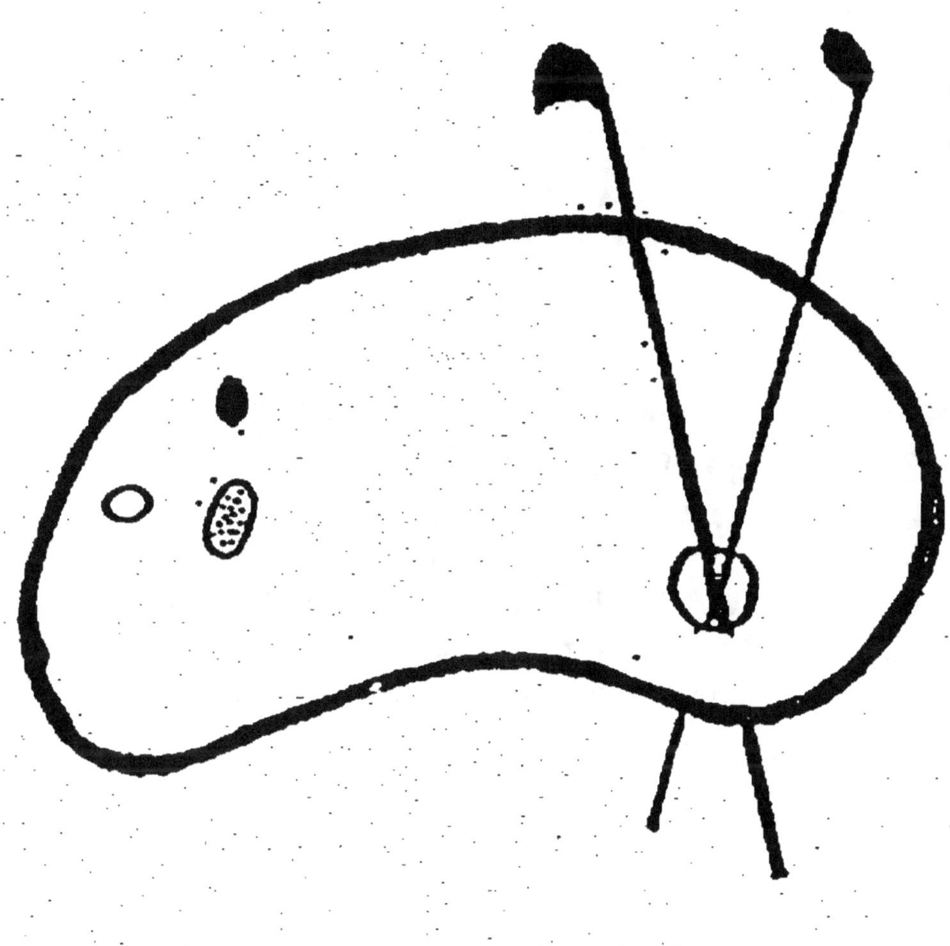
FIN D'UNE SERIE DE DOCUMENTS
EN COULEUR

COMMENT RÉSOUDRE
LES DIFFICULTÉS ÉCONOMIQUES ACTUELLES ?

ÉTUDES SUR LA SITUATION

AGRICOLE, INDUSTRIELLE ET COMMERCIALE

EN FRANCE

ET LES MOYENS PROPOSÉS EN 1885

POUR L'AMÉLIORER

PARIS. — IMPRIMERIE C. PARISET, RUE DE RICHELIEU, 101.

COMMENT RÉSOUDRE

LES

DIFFICULTÉS ÉCONOMIQUES ACTUELLES?

ÉTUDES SUR LA SITUATION

AGRICOLE, INDUSTRIELLE

ET COMMERCIALE

EN FRANCE

ET

LES MOYENS PROPOSÉS EN 1885

POUR L'AMÉLIORER

Par PAUL PIERRARD

MEMBRE DE LA SOCIÉTÉ DE STATISTIQUE DE LONDRES

2ᵉ ÉDITION
SUIVIE DE L'OPINION DE LA PRESSE

PARIS

LIBRAIRIE GUILLAUMIN ET Cⁱᵉ

Éditeurs du Journal des Économistes, de la Collection des principaux Économistes
du Dictionnaire de l'Économie politique
du Dictionnaire universel du Commerce et de la Navigation, etc.

14, RUE DE RICHELIEU, 14

LONDRES

CHEZ L'AUTEUR : 12, MOORGATE, STREET, E. C.

Prix : 1 fr. 50 ou 1 sh. 3 den.

1885

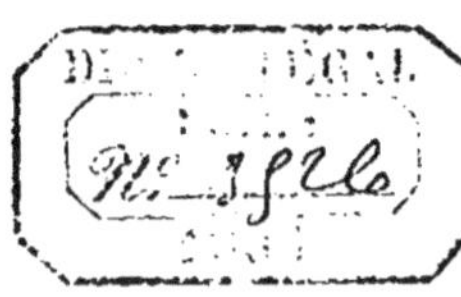

PRÉFACE

Ce simple résumé des grandes questions et problèmes économiques actuels pourrait fournir la matière de gros volumes.
Plus d'un grand homme a qualifié d'ennuyeux ce genre de littérature. Malgré cela, la lecture des recherches d'intérêt général
semble s'imposer de plus en plus à toutes les classes de la
société. Personne ne peut rester indifférent au tarissement des
sources de la prospérité matérielle dont la France est menacée,
si les remèdes efficaces ne sont pas promptement appliqués.
Faisons des vœux pour qu'on ne s'y prenne pas trop tard, quand
il serait impossible de regagner le terrain perdu! Facilement, on
peut parcourir ces pages et comprendre, j'espère, toutes les solu-
tions proposées aux difficultés sociales. Cette heure de réflexion
virile peut aider à former un faisceau d'opinions prises en connaissance de cause, amener des résolutions salutaires et tout
sauver.

Bien qu'il soit difficile d'attirer l'attention du public sur une
petite brochure de ce genre, plusieurs grands journaux de Paris,
Lyon, Marseille, Bordeaux, Boulogne, Amiens, Reims, Roubaix,
Londres, etc., ont réussi à faire écouler la première édition de
ce travail. Avant d'offrir cette deuxième édition, qu'il me soit
permis de témoigner ici, toute ma reconnaissance aux hommes
sérieux, chargés, dans leurs journaux, des études et des critiques d'économie sociale et politique. Ces questions sont incon-
testablement les plus ingrates à traiter de nos jours, parce
que, pour être sincère et utile, il faut faire tomber une à une
toutes les illusions des arriérés et des partisans du *statu quo* ou
du *far niente*, encore nombreux en France; il faut, sans cesse,
battre en brèche les vieux préjugés, la routine, et répéter, avec
ténacité, les vérités sur les abus, ainsi que sur les découvertes
et les progrès économiques acceptés partout. Il faut accumuler
les preuves. Tout cela n'est pas amusant pour un grand peuple
qui vit galment sur son ancienne réputation. On voudrait ne pas
ouvrir franchement les yeux à la lumière des progrès de l'étran-

ger. Comme la lumière électrique, elle éblouit et fait baisser la paupière. Il faut s'y habituer. Les faibles et les indifférents auront beau ne pas regarder en face les exigences matérielles de notre siècle; si l'on n'y pourvoit point, l'écroulement du terrain, profondément miné, pourra nous surprendre au milieu de notre indifférence.

Dans la mesure du possible, et avec toute la déférence due à mes bienveillants critiques, j'ai essayé, par quelques additions au texte primitif, de répondre à leurs principales objections, telles qu'on les trouvera dans les compte rendus reproduits à la fin de cet opuscule. Il y a quelques points sur lesquels je les reconnais victorieux, et je féliciterai, sans réserve, tous ceux qui découvriront les meilleurs remèdes à tant de maux. Quant à l'ensemble de cette étude, il est certes très encourageant pour l'avenir de la cause d'avoir conquis des adhésions ou des sympathies pour la majeure partie des améliorations et des suggestions indiquées.

Quoique les droits d'entrée sur les céréales et les bestiaux aient été brusquement votés au moment de l'apparition de ce *pamphlet*, cette mesure n'a pas changé et ne changera probablement pas la situation critique de l'agriculture française. Malheureusement, les funestes conséquences prévues commencent à se faire sentir à l'intérieur, en s'étendant aussi à notre commerce d'exportation, si l'on en juge à certains indices dans la presse étrangère et la statistique. En tous cas, peut-être vaut-il mieux qu'on ait essayé d'abord ce moyen populaire, au lieu de différer et d'attendre un secours du hasard. On n'appréciera que mieux ensuite les améliorations nombreuses sur lesquelles on peut encore appeler la sollicitude du gouvernement et surtout la prompte action des millions d'habitants intéressés à la prospérité de la France.

A mes amis et aux personnes appartenant aux sphères officielles, ou au monde financier, industriel et commercial, qui m'ont donné des conseils, des marques de sympathies ou des encouragements, j'offre ici l'hommage de ma profonde gratitude.

Il n'y a pas de raison pour que l'intelligence française, continuant de briller dans la littérature, les sciences et les arts, cesse de s'affirmer aussi pour la culture des richesses. Les ressources matérielles bien entretenues et développées, sont indispensables au maintien de nos armées, de notre marine et de toutes les institutions indispensables à la puissance d'une grande nation.

Paul PIERRARD,
Membre de la Société de statistique.

INTRODUCTION

Entraîné par l'exemple des économistes éclairés et des éminents spécialistes en agriculture et en industrie, qui ont publié leurs remarquables études sur la crise à conjurer, je ne puis encore moins résister aux sollicitations de mes amis, qui me pressent de faire connaître mes observations sur cette question, en me plaçant surtout au point de vue commercial. Jusqu'ici, on a fait des dissertations savantes sur l'agriculture, des enquêtes compétentes dans les diverses industries ; mais on n'a peut-être pas exposé suffisamment les rapports indissolubles de ces branches vitales avec le commerce : il y joue, cependant, un rôle des plus importants. Après une trentaine d'années de pratique et d'observations sur les résultats de la théorie dans le haut commerce avec presque toutes les parties du monde, je crois pouvoir avancer des opinions utiles à mes compatriotes. Dans mon rôle d'intermédiaire international entre vendeurs et acheteurs, il m'a été possible de voir froidement les choses, sans aucun parti-pris. Vivant depuis longtemps au milieu des peuples les plus commerçants, dont je crois connaître le caractère et les tendances, mes points de comparaison sont nombreux. Et enfin, mon vif désir d'être utile à mon pays, m'ayant toujours fait étudier et rechercher les moyens de contribuer un peu à sa prospérité, m'impose le devoir de dire la vérité sur toutes les questions commerciales : la protection, le libre-échange, les traités de commerce, l'origine et les causes du malaise général. Pour terminer, j'exposerai les moyens par lesquels on pourrait sortir des complications actuelles. En suivant l'enchaînement des raisonnements, on verra combien il serait difficile, sinon impossible, pour la France, d'accorder actuellement la préférence au libre-échange ou au protectionisme. Sans adopter toutes les réformes proposées par M. Farrer-

Ecroyd et ses partisans, elle doit se contenter d'un juste milieu, d'un commerce rationnel équilibré, compensateur, tenant un peu de ce qu'on appelle en Angleterre le *fair trade*.

Afin d'abréger un sujet aussi compliqué et d'arriver plus vite aux conclusions, je n'emploierai que les chiffres strictement indispensables ; mais je suis en mesure d'en donner d'autres au besoin. Quant à mes opinions, elles sont presque constamment basées, en théorie, sur celles de nos anciens maîtres en économie politique, tels que : Jean-Baptiste Say, Adam Smith, Ricardo, Robert Peel, Mᶜ Culloch, Richard Cobden, Pitt, Michel Chevlier, Arlès-Dufour, et parmi les modernes, MM. Léon Say, Paul Leroy-Beaulieu, L. Grandeau, E. Risler, M. Block, John Lemoinne, Pouyer-Quertier, Joseph Garnier, Natalis Rondot, Gladstone, Stuart-Mill, Robert Lowe, Chamberlain, C.-H. Farrer, et d'autres encore.

Si dans l'impartialité de mes observations et l'inflexibilité de ma logique, je dois inévitablement heurter les convictions de certaines parties intéressées, je leur en fais d'avance toutes mes excuses ; mais j'espère obtenir mon pardon, si j'ai fait jaillir un peu de lumière, dans l'intérêt général de mes compatriotes.

Paul PIERRARD.

Londres, 8 février 1885

PREMIÈRE PARTIE

Considérations générales

Au moment où la France élabore les moyens de réagir contre la crise agricole, industrielle et commerciale, il semble que ce soit un devoir pour tous les patriotes d'apporter à la masse commune le fruit de leur expérience, en se dégageant des préoccupations personnelles ou politiques.

Tous ceux qui ont souffert, depuis quelques années, sont bien excusables s'ils attribuent leurs maux à des causes peu fondées, et s'ils se méprennent sur les remèdes efficaces. Un homme atteint de maladie grave, fût-il médecin, est rarement capable de discuter, de décider et de préparer une prescription salutaire. Dans cette situation pénible, il faut avoir confiance dans le patriotisme des gens les plus éclairés sur la matière, et tâcher de se rendre un compte exact de la situation, avant de s'arrêter aux moyens de l'améliorer.

Cette question paraît hérissée de difficultés, mais en remontant à l'origine des complications, en les analysant sans parti-pris, on peut arriver à rendre la situation compréhensible aux esprits les plus rebelles, peut-être même à trouver des améliorations qui ne compromettent en rien l'avenir du pays.

Tout le monde étant intéressé à une bonne solution, il faut que l'ensemble de la question soit mis à la portée de tous.

D'abord, c'est une erreur, malheureusement trop populaire en France, de rendre nos gouvernants uniquement responsables des fâcheux résultats des affaires en général, et de compter trop sur eux pour nous procurer une prospérité durable. En y réfléchissant un peu, on trouve que les progrès des sciences et des arts, en développant la rapidité des communications et de la production, ont, dans ces derniers temps, détruit l'équilibre entre l'offre et la demande.

Des découvertes nouvelles sont venues décentraliser des industries centenaires dans certaines localités et les déplacer. Les progrès envahissants de la civilisation ont propagé dans le Nouveau-Monde des industries, jadis localisées en Europe. Des débouchés considérables sont devenus des centres de production immense. Était-il possible aux ministres les plus clairvoyants de prévoir, et encore moins de conjurer, toutes les causes de perturbations dont nous souffrons ?

Et enfin, disons-le, avec amertume, après une guerre désastreuse, on a imposé à la France un traité onéreux qu'elle subit. Mais il ne faut pas pour cela, perdre confiance dans l'avenir ; car, ce qui a été fait par la force, peut être détruit aussi par semblables moyens. Il vaut mieux espérer que nos diplomates vigilants sauront profiter des occasions favorables, ou même les faire surgir, afin de rétablir un meilleur état de choses sous ce rapport.

Dans l'intérêt des masses, on devrait prendre les denrées, matières et produits, partout où ils sont abondants, de bonne qualité et au plus bas prix. C'est ainsi qu'on arriverait à résoudre le problème de la vie à bon marché. Mais il y a bien des raisons puissantes, exposées au paragraphe des traités de commerce, qui viennent détourner de l'application générale de ce principe logique du libre-échange.

Lorsque, pour des raisons majeures, qu'on trouvera plus loin, des traités de commerce ont été conclus, personne ne pouvait supposer que les changements précités contribueraient successivement au renversement de l'équilibre indispensable entre la production et la consommation des différents pays.

DEUXIÈME PARTIE

Examen du projet d'augmentation des impôts sur le blé et les bestiaux.

Puisque nous souffrons des causes précitées, examinons ensemble les principaux moyens proposés pour y remédier.

Connaissant, par expérience, l'impossibilité de bien traiter des questions spéciales, dans lesquelles on n'a que des notions générales, sans aucune portée pratique, il vaut mieux laisser la parole aux savants et aux praticiens qui ont traité la question agricole. On reconnaîtra que leurs conclusions sont utiles pour soutenir la thèse et indispensables à son ensemble.

Pour la question agricole, au point de vue économique, M. Paul Leroy-Beaulieu a démontré clairement qu'un impôt sur les blés et grains ne profiterait qu'à environ 200,000 familles, déjà riches, sur 14 millions d'habitants, composant la population agricole en France.

Pour l'agriculture pratique, on peut, en toute confiance, s'en rapporter aux études savantes et aux expériences concluantes de M. E. Grandeau, chef de la station agronomique de l'Est, qui donne les conclusions textuelles suivantes :

« 1° Le prix de revient du blé, qu'il n'est toujours possible d'éta-
» blir, très approximativement, que lorsqu'on a en la main les
» conditions de sa culture, a varié dans le même sol du simple au
» quadruple, par suite des écarts de rendement. Le terme *prix de*
» *revient* n'a donc absolument pas de signification précise lors-
» qu'il ne s'applique pas à une culture déterminée. Déclarer

» en bloc les prix de revient trop élevés dans un pays est se
» payer de mots; puisque, dans un même champ, le seul emploi
» de telle ou telle semence double la production, pour la même
» dépense, et fait osciller le prix de revient du quintal entre 5 fr.
» et 19 fr.; soit, sensiblement, de 1 à 4 fr.;

» 2° Un droit à l'entrée sur les blés étrangers ne saurait, sans
» compromettre sérieusement les conditions d'alimentation
» d'un pays, fournir au producteur une compensation aux trop
» faibles rendements obtenus, bien moins encore lui assurer un
» écart largement rémunérateur entre le prix de revient et le
» prix de vente;

» 3° Le seul remède à la situation déplorable de l'agriculture,
» et particulièrement de la culture du blé en France est l'ac-
» croissement notable des rendements. Tous les efforts doivent
» converger vers ce but.

» Ce que nous venons de dire du blé, nous pourrions, par des
» exemples analogues, l'établir pour les autres céréales. »

Précédemment, M. Grandeau a démontré que, pour être de
quelque utilité à la masse des agriculteurs, il faudrait un droit
de 15 fr. par hectolitre de blé entrant en France, ce qui serait
une calamité qu'aucun législateur n'oserait provoquer. Dans son
remarquable travail, le savant praticien indique comment on
peut, par la fumure des terres, en accroissant la quantité de
bétail et le choix judicieux des semences, augmenter sensiblement le rendement et diminuer le prix de revient.

Il faut donc écouter et suivre les conseils désintéressés, avant
de désespérer de la situation et de la compromettre.

Un éminent agronome et statisticien suédois, M. le docteur
O.-F. Broch, dont les observations sont impartiales, nous indique le rang que la France occupe parmi les nations agricoles,
en Europe, pour la culture des céréales et des pommes de terre.

L'Angleterre, la Belgique, la Norwège, le Danemark et les
Pays-Bas obtiennent des rendements qui varient de 21,5 à
31,6 hectolitres de *froment* par hectare. La France n'en récolte
que 14,3. Il faut aller en Italie, en Autriche-Hongrie, ou même
en Russie pour trouver des rendements moindres que les nôtres.

La France occupe le huitième rang pour le *seigle*, avec une
production de 13,3 hectolitres. L'Angleterre en produit 30 et la
Norwège 24 par hectare.

Pour l'*orge* et l'*avoine*, nous sommes également au huitième
rang, avec des rendements respectifs de 17,1 et 22 hectolitres.

Le Royaume-Uni récolte 34 hectolitres d'orge, et la Hollande 37,3 hectolitres d'avoine.

Avec une production moyenne de 92,2 hectolitres de *pommes de terre* par hectare, nous tombons au-dessous de l'Italie, qui en produit 147. La Norwège obtient 204 hectolitres.

Ces chiffres n'ont pas besoin de commentaires et démontrent suffisamment que l'agriculture française peut encore faire de grands progrès.

Indépendamment des moyens techniques préconisés par des autorités dans cette question vitale, on en trouverait peut-être encore d'autres pour aider les agriculteurs à vaincre des difficultés qui ne sont pas insurmontables. Esquissons-les rapidement, et citons entre autres :

1° Le développement des banques agricoles pour faciliter toutes les opérations financières dont il sera question plus loin;

2° L'application plus générale de la culture avec les machines aratoires les plus perfectionnées.

Des associations collectives de cultivateurs, ou des Sociétés spéciales, entreprendraient, à façon, les travaux exigeant des instruments que tous les fermiers ne peuvent pas acheter.

Si le morcellement de la propriété est un obstacle en beaucoup d'endroits, il y aurait peut-être lieu d'examiner les propositions des économistes qui se sont occupés de la question relative aux terrains laissés sans culture. On y arriverait sans doute, par la réforme des restrictions imposées au père de famille dans le partage de ses biens par testament ou autrement. Ce moyen serait lent, mais moins autoritaire que l'appropriation des terrains laissés sans culture, moyennant une indemnité à fixer. Un terme moyen serait d'englober les petits terrains inutilisés dans l'ensemble des terres environnantes fertilisées par la grande culture et de donner aux propriétaires le produit net proportionnel de la vente des récoltes, après déduction des frais d'exploitation. Cela se fait déjà, avec grand succès, dans le Jura, pour la fabrication des fromages de Gruyère.

3° Au lieu de laisser ensemble ces grandes agglomérations d'ouvriers inoccupés dans les villes, où ils causent souvent des désordres, et deviennent une lourde charge pour les contribuables, on trouverait peut-être à utiliser cette force de grande production dans des *camps* ou *stations agricoles*. Les honnêtes ouvriers, sans ouvrage, pour entretenir leurs familles, auraient au moins un refuge où ils seraient nourris par un travail régénérateur, à l'abri des mauvaises influences. Dans ces espèces de *familistères agricoles*, presque toutes les choses nécessaires à la vie pourraient y être produites à bas prix. Ce travail collectif et coopératif permettrait à ces institutions de se subvenir à elles-mêmes et de dégrever d'autant les charges de l'Etat;

4° Chaque année, la France importe pour environ 1,500 millions de francs de denrées alimentaires et en exporte environ 800 millions; il y a donc encore un déficit immense à combler dans les denrées que son sol fertile peut produire.

Pourquoi rester en arrière comme proportion de rendements, laisser les terres arables sans culture, et ne pas défricher, ou rendre productifs, des terrains placés sous un si beau soleil? Dans un siècle où tant de progrès scientifiques émerveillent le monde, dans un siècle où le *grand Français*, à force de travail persévérant, au milieu d'obstacles de tous genres, a percé l'isthme de Suez, on ne peut admettre que la France dégénère!

Sans vouloir replanter les jardins de Babylone, serait-on surpris d'apprendre que des savants ont découvert les moyens de rendre fertiles toutes les terres en friche sous le beau ciel de France. Avec l'abaissement des tarifs des chemins de fer et des canaux, et des conventions à prix réduits d'utiliser un matériel, souvent inoccupé, on pourrait transporter des terres fertiles sur des terrains vagues et les transformer en champs ou prairies utiles.

Pour atteindre un pareil résultat, il ne faudrait pas même déplacer autant de terre que pour achever l'œuvre de l'immortel M. F. de Lesseps.

Dans ces idées, un peu avancées, les chercheurs de placements ou d'entreprises trouveraient aussi à faire quelque chose d'utile et de lucratif.

Sans analyser les excellents rapports sur ce sujet, on reconnaîtra également que la viande, les volailles, le beurre, les œufs et autres produits de l'agriculture ont presque doublé de valeur depuis une quarantaine d'années, tandis que les impôts n'ont certes pas suivi la même marche. Il y a là une source de compensation à la baisse des blés, lesquels peuvent aussi être produits à meilleur marché, comme M. E. Grandeau, chef de la station agronomique de l'Est l'a clairement démontré dans ses savants articles reproduits par le *Temps*. Ces opinions, bien dignes de foi, portent à croire que ce n'est pas avec un impôt sur les grains et les bestiaux qu'on relèvera l'agriculture, et qu'il faut chercher une atténuation du malaise dans les progrès et améliorations proposées par M. E. Grandeau et les autres spécialistes. Il faut bien espérer aussi que des successions de mauvaises récoltes se produiront plus rarement à l'avenir. Malgré tout le respect qu'on doit aux délégués choisis pour les enquêtes, il est à craindre que leurs opinions et résolutions ne soient influencées par des considérations purement politiques ou d'intérêt local dégagées des exigences collectives et solidaires.

Pour ceux qui, comme moi, ont suivi presque toutes les péripéties de la cause, sans avoir un parti-pris d'avance, il est évident que le projet de l'impôt sur les blés et la viande est non seulement contre l'intérêt général, mais également préjudiciable à l'agriculture. Ces droits produiraient des résultats nuls ou opposés à ceux qu'on recherche. On verra plus loin qu'ils accentueraient encore le manque d'équilibre de notre situation économique, c'est-à-dire la principale cause du mal. Afin de ne pas fatiguer l'attention des lecteurs, on peut se contenter de ces extraits des savants et des praticiens, mais il y en a encore bien d'autres, dignes d'être cités. Cela entraînerait un peu loin et sortirait de notre cadre commercial.

Voilà bien des raisons, au point de vue agricole, pour ne pas toucher à l'ensemble de nos conventions internationales ; mais il y en a une qui prime toutes les autres : c'est le point de vue humanitaire.

Comment ! pour apaiser les craintes et les plaintes de l'agriculture, on voudrait imposer le pain de l'ouvrier et presque l'empêcher de manger de la viande !

Mais, c'est illogique, et cela conduirait à la ruine nationale. Tous nos industriels, y compris les agriculteurs, se plaignent de ne pouvoir supporter la concurrence des pays étrangers, où la main-d'œuvre est meilleur marché, disent-ils. Pour y arriver, on est entré dans la voie des réductions de salaires dans plusieurs de nos grandes industries nationales, et, pour couronner l'œuvre économique, on propose de taxer les denrées alimentaires, qui hausseraient au profit d'une classe, pendant que les artisans seraient condamnés à toutes les privations de la misère. Ce serait tout simplement décourageant pour eux, comme pour tous les gens dont les gains et revenus sont limités, et qui luttent courageusement, en silence, contre les difficultés croissantes de la vie matérielle.

Les braves ouvriers chargés de famille peuvent, à la rigueur, être mal logés et vêtus pauvrement ; mais qu'on fasse renchérir le pain, la viande et les objets de première nécessité, ce serait vouloir exploiter leur besoin de manger au moment où leurs salaires baissent. La société moderne doit au moins garantir, contre la privation, tous ceux dont elle ne peut pas se passer et qui contribuent à sa richesse par un travail pénible. C'est la masse des Français qui aurait à souffrir pour le bien de la minorité des privilégiés de la fortune, ce qui serait regrettable.

TROISIÈME PARTIE

Projets de réformes et d'améliorations commerciales.

Il est certainement plus facile de rechercher l'origine d'un mal, et surtout de critiquer les remèdes proposés, que de découvrir des moyens pratiques d'améliorer la situation, sans courir les risques nombreux de l'aggraver.

Certes, les moyens ne manquent pas et les conseils abondent de tous côtés. Presque tout le monde a son palliatif et ses remèdes, mais on ne compte pas assez avec la difficulté de briser les obstacles de la routine et de secouer l'engourdissement de l'initiative personnelle. La prospérité amollit, mais la nécessité fait chercher les moyens, aide à les trouver et force les plus indifférents à les appliquer pour échapper à la ruine. Par lui-même, le gouvernement ne peut pas ramener la prospérité avec des lois, mais il peut donner une impulsion nouvelle en stimulant l'initiative individuelle et collective sans laquelle il n'y a point de salut.

Des plumes plus autorisées ont déjà expliqué comment les denrées alimentaires arrivent dans la consommation, en passant par les nombreux intermédiaires ou spéculateurs qui prélèvent de gros bénéfices. Contre cette situation fâcheuse pour le public, on introduit avec succès les sociétés coopératives dans la boulangerie en France, comme en Angleterre pour la boucherie et toutes les autres denrées nécessaires à l'alimentation, au vêtement et au logement. Les consommateurs partagent les bénéfices rémunérateurs dans toutes les branches de commerce. Il n'y a donc, pour la France, qu'à entrer plus hardiment dans cette voie.

Maintenant, essayons d'analyser les autres besoins de la vie matérielle et du vêtement en particulier, afin de nous rendre compte de leur renchérissement, en dépit des progrès industriels qui ont décuplé la production. Par les moyens mécaniques, on est arrivé à produire vite et bien, avec une main-d'œuvre considérablement réduite. Il semblerait que les prix des vêtements auraient dû baisser dans une forte proportion, tandis que le contraire se produit. Par exemple, il y a trente ans, une redingote se payait de 80 à 100 francs, et le tissu dont elle était faite valait 20 à 25 francs; soit, pour deux mètres, environ 44 francs, laissant 56 francs pour façon et fournitures. Maintenant, la redingote coûte de 120 à 140 francs et le drap de 8 à 15 francs, soit pour le tissu 24 francs et, pour façon et fournitures, plus de 100 francs. — Pour les chaussures et autres parties du vêtement masculin, c'est toujours la façon qui augmente et les matériaux employés qui baissent.

Pour l'habillement des dames, la même chose se produit. Les grandes toilettes se payaient autrefois 300 à 400 francs, et elles ont plus que doublé aujourd'hui; tandis que les étoffes ont baissé de plus de moitié. Des chapeaux de 40 à 50 francs atteignent et dépassent 100 francs, et ainsi de suite.

Dans ces augmentations, on paie la coupe, l'art et le goût, choses qu'on nous envie beaucoup à l'étranger; mais il y a aussi un renchérissement des salaires, et surtout un déploiement de luxe d'installation, sans lequel nos grands faiseurs à la mode craindraient de ne pas maintenir leur excellente situation. On dira contre cette exagération que les gens modestes ont la ressource des magasins de confections qui est précieuse pour ceux qui veulent équilibrer leurs budgets ou faire des économies.

A Paris, comme dans beaucoup de grandes villes, on admire tous ces châteaux somptueusement organisés pour la vente des articles divers de nouveautés: tissus, vêtements et tous les produits des industries de première utilité ou de luxe. Le public, et surtout les dames, que ce luxe éblouit et attire, sont loin de se douter que leur patronage est un encouragement à une des causes de souffrance dans plusieurs des grandes industries. Les accapareurs d'affaires détruisent peu à peu le petit commerce

modeste de Paris et de la province et diminuent ainsi la concurrence à l'achat des produits fabriqués. Ils arrivent seuls à dicter
leurs prix aux producteurs pour offrir des occasions exceptionnelles (occasions, en effet, de gros bénéfices pour eux-mêmes, et
souvent de ruine pour les fabricants), cela se fait à grand renfort
d'annonces et réclames retentissantes dans les grands journaux
du monde entier. Tous ces frais énormes de mise en scène et de
réclames coûtent des fortunes et sont supportés par le manufacturier comme par le public.

Le principe du rapprochement des consommateurs de la production se trouve ainsi utilisé d'une façon très lucrative pour les
grands magasins de nouveautés et leurs actionnaires; mais il
pourrait être employé d'une manière plus juste en faveur des
manufacturiers, qui ne trouvent plus aucun bénéfice à travailler
dans les conditions actuelles et commencent à fermer une partie
de leurs ateliers.

Ce que les sociétés de marchands de nouveautés font, avec
beaucoup de luxe et de frais, au dépens des manufacturiers, ces
derniers, en formant des syndicats d'exploitation commerciale
de leurs industries, pourraient facilement le mettre en œuvre
collective, avec beaucoup moins de frais répartis entre eux. En
vendant meilleur marché que tous ces grands bazars de nouveautés, ils leur feraient une concurrence loyale avec de grands
bénéfices dont le public profiterait avec eux.

Il serait superflu de lutter de luxe. Au contraire, les grands
entrepôts des fabriques de France, où chaque industriel de province aurait son petit local, et au besoin son représentant, se
distingueraient par l'économie des frais, à leur avantage comme
à celui des consommateurs, qui sauraient bientôt reconnaître la
meilleure manière de se procurer tous les objets de grande consommation; et cela sans qu'on ait besoin de battre la grosse
caisse pour les attirer. Il resterait encore assez d'articles de fantaisie et de curiosité pour les grands magasins actuels où beaucoup d'étrangers continueraient à répandre leur or.

Sur le même principe, ces syndicats s'organiseraient aussi sur
les marchés étrangers et d'outre-mer pour y puiser des renseignements précieux sur ce qu'il faut produire pendant qu'on
écoulerait au loin l'exubérance de la production nationale. Malheureusement, dans beaucoup de cas, nous ne recevons les
informations nécessaires sur les besoins réels des centres de
consommation que de seconde main, par des maisons étrangères, allemandes ou anglaises, elles font d'abord profiter

leurs compatriotes de leurs recherches et ne demandent à la France que ce qu'on ne trouve ou ne produit pas ailleurs. Ces maisons sont même intéressées à laisser manufacturer au hasard des articles démodés, ou encombrant leurs marchés, afin d'en faire encore baisser les prix, leur laissant toujours un bénéfice assuré, pendant que leurs nationaux, mieux guidés, profitent de la vogue des marchandises rares et recherchées. Tout cela roule simplement sur les principes immuables de l'offre et de la demande et de l'équilibre entre la production et la consommation.

Dans le même ordre d'idées, on comprendra quels avantages la France offrirait aux acheteurs étrangers si, à la Bourse des pays de fabrique, il y avait des stalles d'échantillons où les acheteurs pressés pourraient en quelques heures se rendre compte des produits d'un centre et prendre des rendez-vous pour terminer chez les fabricants des affaires ébauchées à la Bourse. Beaucoup de grands acheteurs ne vont plus en fabrique, à l'intérieur, parce qu'ils ne peuvent pas y consacrer le temps nécessaire. Pour la convenance des étrangers, on pourrait fixer des jours et heures de Bourse qui leur permettraient de faire une tournée circulaire rapide dans les principales villes manufacturières d'une région. Il y a des Bourses de ce genre qui fonctionnent très bien en Angleterre, à Leeds, Huddersfield, Bradford et ailleurs. Il faut que tout se passe vite et bien, pour suivre les progrès et les exigences actuelles.

Dans ces grands entrepôts, on pourrait aussi réaliser en ventes publiques les marchandises ou produits ne s'écoulant pas facilement entre les mains des fabricants, pour les raisons précitées. Il est certain que, par la concurrence publique, on obtiendrait ainsi pour le producteur un prix supérieur à celui qu'il accepte, bon gré mal gré, en tête-à-tête avec *un seul* acheteur de soldes. Ces enchères périodiques de divers produits attireraient un grand concours d'acheteurs du pays et de l'étranger.

Il y a, dans cette proposition, tous les éléments, non seulement d'une rénovation de notre vieux système de vente, insuffisant maintenant, mais aussi une source très lucrative de placement de fonds.

Avec l'exubérance actuelle des capitaux qui en fait sans cesse baisser la valeur, c'est-à-dire le taux de capitalisation, on trouverait aisément, en France, les ressources nécessaires pour remettre notre système commercial suranné à la hauteur des progrès réalisés dans les sciences, l'industrie et les arts.

Au lieu de voir à Paris, et dans toutes les grandes villes, des banques trop nombreuses pour les besoins du public qui, aujourd'hui, se détourne des opérations de Bourse, on créerait pour le bien du même public des grands comptoirs de vente où se traiterait la *Banque de marchandises.* Il est difficile de supputer *à priori* les bénéfices d'une telle entreprise; mais on peut être certain qu'ils dépasseraient de beaucoup ceux de toutes les banques de valeurs.

La location des dépôts, les avances sur marchandises, prudemment contrôlées par des connaisseurs et des experts de chaque article, les courtages de vente sur les lieux, à l'étranger ou aux enchères, les commissions sur tous les autres services commerciaux et financiers combinés, produiraient des résultats aussi encourageants pour les promoteurs que pour les producteurs, tout en faisant jouir ces derniers du fruit légitime de leurs travaux dans la mesure la plus étendue, ce qui n'existe pas actuellement.

En 1869, dans un ouvrage spécial, intitulé : *L'Industrie lainière et les moyens de ramener sa prospérité,* et publié en 1869, j'ai déjà fait ressortir les avantages des grands entrepôts de tissus, à Paris et Londres, des échanges de nos produits industriels contre des matières premières d'outre-mer et des ventes publiques de tissus, produits manufacturés et matières premières en France.

En France, les familles ne sont pas assez nombreuses pour qu'une maison de commerce puisse envoyer un de ses membres sur les divers points favorables à l'étranger, tant pour acheter des matières premières ou denrées nécessaires, en échange de nos produits manufacturés, que pour renseigner sur les véritables besoins, la base des bonnes affaires. On le fait avec succès en Angleterre, en Allemagne, en Amérique et ailleurs. Chez nous il faut donc y suppléer par des associations collectives et solidaires de Français, si nous voulons profiter des mêmes avantages, en arrêtant une cause d'infériorité. Il faut, au moins, des armes égales pour se mesurer avec nos émules étrangers qui font du commerce une science fort en honneur chez eux. Et, en effet, les meilleurs hommes d'affaires à l'étranger sont presque des savants; ils étudient à fond au moins trois langues vivantes, ils apprennent le droit commercial des diverses nations, les conventions et usages financiers, commerciaux et maritimes qui servent de base aux déplacements des denrées et produits surabondants d'un pays pour les mettre à la portée de ceux qui en ont besoin.

Ce ne sont pas, comme en France, les fruits secs des collèges qu'on destine à la solution d'un problème d'algèbre dont les inconnues varient comme le temps.

Tout en conservant et développant nos qualités et avantages nationaux, cherchons à profiter de l'expérience acquise en économie politique et puisons des enseignements utiles chez nos voisins.

QUATRIÈME PARTIE

Suggestions ultérieures pour améliorer la situation commmerciale et industrielle.

Jetons un coup d'œil rapide sur quelques erreurs commises en France, dans le commerce et l'industrie :

1° Dans les traités de commerce à remanier, que les diplomates et économistes théoriciens ne se laissent point tromper par les *mirages et déceptions de la statistique*, et qu'ils se les fassent expliquer par des spécialistes assez désintéressés. Par exemple, la statistique indique une augmentation d'exportation de certains produits, ce qui peut être tout à la fois satisfaisant au point de vue du chiffre et désastreux comme résultat pécuniaire. Des marchandises défraîchies, démodées, ou sans preneurs, même avec une perte sérieuse, peuvent être consignées au loin pour courir une dernière chance de vente avant de les réaliser à des prix ruineux pour les producteurs. Ces derniers sauvegardent ainsi leurs crédits en évitant la publicité d'une grosse perte sur des produits dont la fabrication n'avait plus de raison d'être.

2° Il faut *restreindre la publicité des rapports des chambres de commerce*, surtout en temps de difficultés et de crises. Tous les concurrents étrangers, qui jamais ne nous donnent de pareils renseignements, s'en emparent pour faire valoir la soi-disant supériorité ou le bon marché de leurs produits, afin d'attirer les acheteurs étrangers qui cessent d'aller où l'on se plaint de ne pas pouvoir supporter la concurrence.

3° Il ne faut *pas ouvrir aussi facilement nos ateliers*, nos bureaux, nos magasins et nos maisons aux *ouvriers, employés ou volontaires étrangers,* qui viennent chez nous pour y surprendre nos secrets dans les industries où notre supériorité est reconnue. A l'étranger, les Français ne trouvent que bien rarement de pareilles facilités d'études, de comparaisons et de surveillance des brevets d'invention. Un Français, ouvrier ou employé de commerce, avec des capacités ordinaires, n'y trouve que très difficilement un poste convenable. Nos fils de famille sont parfois admis dans des bureaux, plus rarement dans les usines, comme volontaires sans appointements, avec une bienveillante indifférence, ou un empressement en rapport avec le bénéfice qu'on espère en retirer, parfois avec une hostilité mal déguisée. Il y a, cependant, d'heureuses exceptions. En France, des milliers de maisons étrangères viennent faire de grandes fortunes dans la banque, les vins, l'industrie lainière, l'importation et l'exportation, etc. A l'étranger, les Français qui réussissent peuvent se compter sur le bout des doigts. N'oublions jamais que l'invasion militaire des Allemands a été précédée d'une invasion systématique d'employés et de domestiques qui se sont retournés contre leurs maîtres pour les livrer! Maintenant, ils sont tous revenus en se donnant des nationalités sympathiques d'Alsaciens, d'Autrichiens, de Suisses, etc.

En rendant exactement aux autres ce que nous recevons chez eux, nous serions plus dans le vrai, et moins dupes de notre bonhomie, ainsi que des sourdes menées des étrangers dans nos grèves, pendant lesquelles nos concurrents du dehors redoublent d'activité et accaparent notre clientèle.

4° Comme en Angleterre, on sera bientôt forcé, en France et ailleurs, *de réglementer l'emploi des forces productives de l'industrie,* c'est-à-dire de limiter les heures de travail si l'on veut échapper à des crises périodiques plus intenses encore. En effet, le principe existe : 1° Dans les enquêtes de *commodo* et *incommodo* lorsqu'on veut établir une usine, un moteur, etc., pouvant causer des ennuis au voisinage; 2° Dans les décrets préfectoraux défendant aux conducteurs de faire galoper leurs chevaux sur la voie publique d'une façon dangereuse pour la circulation des piétons et des autres voitures. Pourquoi ne pas préserver la masse des industriels contre des abus ruineux? La production mécanique, employée nuit et jour, aggrave sans cesse la disproportion entre l'offre et la demande, c'est-à-dire la cause du malaise. La production exagérée à prix réduits ne fait aucunement augmenter la consommation, mais elle entraîne la baisse des produits, et celle des salaires devient alors impérieuse. Pour remédier à ces graves inconvénients, les chambres syndicales anglaises ont graduellement amené la réduction du travail effectif à neuf heures par jour ouvrable. On s'entendrait difficilement sur ce point en France, mais on pourrait facilement interdire le travail du dimanche et surtout le travail de nuit, à moins qu'il ne soit urgent. Tout le monde reconnaît l'urgence quand il s'agit de réparer les bâtiments ou la force motrice des ateliers employant beaucoup de mains, ou de récolter les moissons par des temps défavorables.

5° Avec une bonne instruction technique, on pourra dresser des jeunes gens pour les consulats, ou mieux, pour des syndicats commerciaux à l'étranger; mais on se ferait une grande illusion de croire qu'en dehors de leurs fonctions courantes, l'élève consul, avec un ou deux attachés, pourraient faire toutes les laborieuses démarches, les comparaisons suffisantes et les minutieuses recherches qui font éclore les affaires. Quand il faut au moins une dizaine d'années d'expérience à des hommes intelligents et instruits pour rendre de véritables services dans les grands produits comme le coton, la laine, la soie, le vin, une spécialité de tissus, etc.; on ne peut raisonnablement demander à nos consuls d'avoir une pépinière de jeunes négociants. Les rapports de ces subordonnés, novices dans les affaires, ne pourraient avoir qu'une utilité pratique d'autant plus douteuse, qu'ils auraient à lutter, avec armes inégales, contre des spécialistes qui sont sur leurs propres terrains. Il n'est pas facile, à l'étranger, d'obtenir des renseignements utiles pour la pratique; car, chacun les garde pour soi. Il n'y a que des Sociétés coopératives ou des Syndicats commerciaux de manufacturiers, ayant denrées à acheter ou vendre, qui pourraient rendre les services dont la nécessité se'fait sentir, pour assurer l'avenir de nos grandes industries en France. Cependant, nos consuls pourraient s'entourer de conseillers commerciaux, choisis parmi les résidents recommandables et assez désintéressés, pour signaler au gouvernement les changements survenus et les améliorations désirables dans nos relations internationales. Avec les ménagements politiques et diplomatiques nécessaires, et des renseignements pratiques exacts, les rapports des consuls seraient complets et serviraient de base à la sauvegarde des intérêts nationaux dans les conventions ou traités de commerce compensateurs, dont il sera question plus loin.

Cette amélioration comblerait le vœu émis au Conseil général du Nord, dans la session d'avril 1883, par M. Charles Seydoux du Cateau, un des plus grands manufacturiers de France. Dans cet exposé, aussi savant qu'impartial, on a fait ressortir les avantages que nos concurrents étrangers obtiennent à l'aide de leurs consuls-commerçants, ainsi que de facilités et d'encouragements accordés aux familles et aux jeunes gens qui vont vivre au loin pour servir les intérêts de la mère-patrie. La puissance civilisatrice du commerce est irrésistible : elle unit les races antagonistes et les caractères les plus différents. L'union fréquente des intérêts produit une espèce de fusion fraternelle ou de mariage entre les peuples ; elle sème les germes d'une paix durable et féconde en bienfaits; elle développe l'ardeur générale pour les luttes pacifiques dans les champs de l'agriculture et de l'industrie, ainsi que dans les sciences, la littérature et les arts où la France brille de tout son éclat.

6° *Les nouveaux progrès dans la télégraphie et la nécessité d'une langue commerciale universelle.*

Tous les réseaux télégraphiques qui entourent maintenant notre planète comme une immense toile d'araignée, l'emblème du travail, mettent en relations les peuples des antipodes presque avec la rapidité de l'éclair. Les barrières s'abaissent, les préjugés disparaissent; un besoin plus général d'union et de fraternité se développe entre tous les hommes des races les plus différentes. Chaque jour, tous les pays lointains reçoivent des nouvelles de tous les grands foyers de la civilisation et de la production des objets nécessaires à la vie, et ils nous envoient des renseignements sur leurs besoins matériels et autres. Pour simplifier cette correspondance quotidienne et la rendre plus claire, en même temps que moins coûteuse, on a introduit les *codes télégraphiques*, des espèces de dépêches chiffrées, où chaque mot correspond à toute une phrase. Par exemple : *amitié* peut signifier : le temps actuel est défavorable aux récoltes, et *fraternité :* il y a disette de riz; expédiez-en immédiatement, et ainsi de suite.

Dans ce style laconique, on gagne du temps en économisant aussi des mots qui coûtent cher à transmettre. Pour la Chine, la moyenne est de 12 francs par mot; pour l'Australie, 12 fr. 90; pour les États-Unis, 3 francs, et en Afrique, au cap de Bonne-Espérance, 11 fr. 15.

Entre les peuples civilisés, la communion d'intérêts et la nécessité de s'entendre a déjà produit l'Union postale, qui rend d'immenses services. Dans le même esprit, on s'occupe beaucoup de l'adoption plus générale des poids et mesures reposant sur le système décimal, du rapprochement de l'étalon des diverses unités monétaires du monde, de l'emploi du même méridien pour toutes les cartes géographiques, etc.

Le monde commercial ne restera certainement pas en arrière et reconnaîtra, sans doute, la nécessité d'une langue commerciale et financière universelle. On composera et adoptera un *code télégraphique universel*, où, dans le langage des télégrammes, un mot, qui a son équivalent dans toutes les langues, aura exactement la même signification commerciale partout et remplacera une phrase plus ou moins longue. Afin d'éviter toutes les susceptibilités nationales, ces mots choisis pour exprimer la même idée dans le monde entier, pourraient être pris dans les langues mortes, le latin et le grec.

Il serait trop long d'énumérer encore les autres moyens par lesquels nous arriverons à nous maintenir dans les premiers rangs du monde industriel et commercial, et à donner ainsi des éléments nouveaux pour notre marine marchande, qui en a le plus grand besoin. On doit espérer que les écoles professionnelles, agricoles, commerciales, celles des arts et métiers, et surtout l'École centrale et celle des hautes études commerciales fourniront encore des hommes capables de résoudre les difficultés incessantes de l'agriculture, de l'industrie et du commerce. Dans ces grandes institutions, où les enseignements théoriques et spéciaux sont parfaitement organisés, on fera bien aussi d'encourager la jeunesse française à l'étude des langues vivantes, aux voyages instructifs, aux explorations, aux exercices de gymnastique, de natation et autres qui augmentent la force et l'adresse en reposant l'esprit pour des efforts nouveaux. Les exercices corporels, hygiéniques, sont indispensables pour élever des générations bien développées physiquement et capables d'entrer dans les luttes, pacifiques ou autres, avec des chances égales de succès contre nos robustes voisins. En Allemagne, et surtout en Angleterre, on attache la plus grande importance à tous les exercices athlétiques dont les bienfaits sont incontestables.

En attendant, on lira peut-être avec intérêt le résultat des observations d'un vieux praticien sur les questions de plus en plus actuelles du libre-échange et de la protection.

CINQUIÈME PARTIE

Le libre-échange, la protection et le commerce international compensateur.

L'échange actuel, plus ou moins libre, entre tous les pays, des denrées et produits, a remplacé le *troc* qui s'imposait aux hommes depuis les temps les plus reculés. Le pêcheur, le chasseur et l'homme des champs échangeaient entre eux le poisson, le gibier, les fruits, les légumes, etc. Avec le surplus de ce qu'ils ne pouvaient pas manger, ils se procuraient des peaux, des étoffes grossières pour se vêtir, un abri, plus ou moins primitif, pour se loger. Nos ancêtres ont donc toujours pourvu aux nécessités de la vie par l'échange, et, sans s'en douter, ils ont obéi à un principe naturel, à l'axiome du commerce. Sans suivre tous les changements survenus pour amener la période où le *troc* s'est transformé en *commerce* et arriver à la conclusion des traités internationaux tendant vers le libre-échange, on peut constater que les hommes ont obéi à une nécessité guidée par des lois immuables.

Malgré cela, les protectionistes n'ont pas à s'alarmer; car, le libre-échange, c'est-à-dire le commerce sans entraves, ni restrictions, ni droits, qu'on peut appeler compensateurs au lieu de protecteurs, n'est pas complètement praticable entre toutes les nations pour les raisons suivantes :

Quand deux peuples sont attirés par les nécessités agricoles et industrielles à contracter un traité d'échange, les négociateurs ont une mission tellement compliquée, délicate et minutieuse à remplir qu'il est difficile, sinon impossible, de ne pas commettre d'erreur et de faire passer, comme de droit, l'intérêt général avant l'intérêt particulier sans causer un préjudice, apparent ou réel, à une ou plusieurs classes de leurs nationaux. On le comprendra aisément; car, les règles principales de ces conventions sont soumises aux conditions réciproques suivantes :

1° *La conservation du travail national.*

Tous les pays ont d'abord besoin de produire les denrées alimentaires en aussi grande quantité que possible pour leurs populations, et ils exportent le surplus chaque année. La France exporte près d'un milliard et demi de produits agricoles et de matières premières, sur lesquels on réalise des bénéfices qui devraient permettre de pourvoir au manque de bras pour la culture. Ce serait une erreur d'enrayer l'introduction en France de denrées ou matières et produits que le pays ne peut pas produire dans des conditions favorables, tels que le café, le coton, le tabac et autres. Que deviendraient l'agriculture et l'industrie si, par une fausse manœuvre protectioniste, on les privait de ces immenses débouchés qui sont les causes fondamentales de leur vitalité? En fermant doucement nos portes à certains produits étrangers dont nous avons besoin, nous pouvons compter sur la réciprocité du procédé. Or, la France exporte pour 1,966 millions de francs de produits manufacturés et autres, et elle n'en importe que 911 millions.

2° *L'entretien des industries indispensables dans tous les pays.*

Après l'agriculture, les industries du vêtement, qui emploient beaucoup de monde, réclament les ménagements des parties intéressées. Ainsi, en France, on a le regret de voir diminuer les usines de construction des machines pour travailler les matières textiles. Nous sommes tributaires des Anglais, des Alsaciens, des Belges et des Allemands pour la majeure partie des machines nécessaires dans nos grands foyers d'industrie. Il y a un danger à ne pas avoir chez soi les grands arsenaux d'armes pour les luttes industrielles engagées.

3° *Les exigences budgétaires qui varient sans cesse dans tous les pays.* Passons les commentaires.

4° *Le développement de la richesse nationale collective et individuelle,* objet pour lequel les contractants demandent la plus large part possible.

5° *La restriction de l'importation des matières et produits de première utilité* que chaque pays peut fournir.

6° *L'offre de la production nationale dépassant les besoins indigènes en échange d. facilités pour l'importation 'de denrées, matières ou marchandises nécessaires*, mais que tous les pays ne produisent pas du tout ou dans des proportions inégales et variables. En 1881, les importations de la France comprennent pour trois milliards et demi de denrées alimentaires et matières brutes, ainsi que 832 millions de produits manufacturés et autres.

7° *Les réserves, généralement omises, de modifications devenues impérieuses* par suite de découvertes appelées à transformer radicalement certaines industries, par suite de traités commerciaux violemment imposés, ou d'autres !circonstances imprévues qui viennent changer l'équilibre des rapports économiques entre les différents produits à échanger.

Toutes ces circonstances et considérations étant susceptibles de changements plus ou moins rapides dans les pays ayant des traités de commerce ou conventions avec les autres, il en résulte que les conventions les mieux coordonnées, à un moment donné, peuvent être *déséquilibrées* dans un sens ou dans l'autre, du jour au lendemain. Il faut donc faire des réserves pour les ententes internationales, dont on ne peut plus se passer aujourd'hui, mais qui ne permettent guère au libre-échange de gagner beaucoup de terrain. Ainsi, pour ces conventions ou traités de commerce rationnels, il serait possible, outre les clauses réclamant les avantages de la nation la plus favorisée, de stipuler pour une ou plusieurs des raisons précitées, que la France se réserve le droit de modifier les conventions d'un traité, en donnant une ou deux années d'intervalle pour l'application d'un tarif modifié et bien défini. De cette façon, les affaires de longue haleine ne seraient pas interrompues et pourraient se continuer sur les nouvelles bases. Mais alors, il faudrait aussi accorder la même faculté aux autres, ou leur offrir une compensation, en fixant des époques rapprochées pour la révision, si le nouveau tarif leur était préjudiciable.

Il ne faut pas se dissimuler qu'il est dans la nature humaine de s'aveugler sur ses propres intérêts et de les mettre souvent au-dessus de l'intérêt général. C'est pourquoi les intéressés directs à une branche de l'agriculture, ou d'une industrie quelconque, ne se trouvent rarement, ou jamais, assez protégés contre la concurrence étrangère, et insinuent que les branches voisines doivent supporter la plus lourde part des charges budgétaires.

Si la question de l'impôt sur les blés et la viande ne se rattachait pas à tout un ensemble de conventions antérieures avec les autres pays et pouvait être traitée isolément, il n'y aurait peut-être aucun risque à tenter l'essai de l'augmentation des droits actuels ; mais il n'en est pas ainsi, ces changements, en défaveur de certains pays liés par des traités avec nous, leur feraient chercher et trouver une compensation au moins équivalente en taxant d'autres produits français importés chez eux; ou bien encore, ils accorderaient des faveurs aux autres pays produisant des marchandises similaires. Ces dernières viendraient remplacer celles que la France envoyait dans ces pays, au grand préjudice d'une autre catégorie du travail national. Ce ne serait qu'un déplacement d'avantages et de bénéfices industriels pour obtenir des résultats plus que problématiques pour le soulagement de l'agriculture.

Dans le nouveau traité de commerce avec l'Espagne, l'Angleterre favorisera l'importation des vins de cette provenance pour obtenir un abaissement d'impôt sur les tissus anglais en ce pays. Il est à craindre que cette manœuvre tourne contre la France, quoiqu'elle n'ait rien à faire ou à dire dans cette transaction.

Ne perdons pas de vue que nous avons beaucoup d'ouvriers occupés dans des industries qui se soutiennent presque complètement par l'exportation et qui chômeraient sans cela. Des villes comme Roubaix, Reims et d'autres ont prospéré en fabricant des tissus pour l'Angleterre et les États-Unis. Nos centres vinicoles ne pourraient guère se passer de leurs débouchés au dehors. Toutes les autres grandes industries occupent leurs ouvriers, même pendant les crises, avec le seul objectif et l'espoir de trouver des débouchés au loin. On a vu que la France importe pour 832 millions et exporte pour 1,000 millions de produits manufacturés et autres, ce qui lui est très favorable.

Quels que soient les désirs naturels et les aspirations de certaines branches de l'agriculture actuellement en souffrance, ce serait une grande imprudence, pour ne pas dire une calamité nationale, d'exposer le reste de la France agricole, vinicole, industrielle et commerciale à l'isolement commercial, aux représailles directes ou indirectes, ainsi qu'au ralentissement et à la perte partielle des relations commerciales, si difficiles à fonder et à entretenir dans les pays lointains.

Il ne faut pas croire que la France seule soit dans une situation difficile au point de vue agricole, industriel et commercial. Toutes les nations, en Europe, souffrent également des mêmes causes, et les autres parties du monde ont subi les conséquences de la solidarité de tous les intérêts des peuples. Dans ce siècle

de progrès gigantesques où la vapeur, l'électricité et le télé-
phone ont été mis à la disposition du monde industriel et commercial, l'activité fébrile de tout le monde a été développée dans
des proportions évidemment mal équilibrées, puisque les résultats sont souvent opposés au but à atteindre, qui est l'amélioration du bien-être des masses. Avec une ardeur irréfléchie, les
plus hardis ont forcé la note et, sans se préoccuper des conséquences, on a développé beaucoup d'industries outre mesure.
Déjà les États-Unis d'Amérique font un retour sur eux-mêmes.
Ainsi, par exemple, après avoir fait hausser les cours de la laine
brute en Australie et à Londres, fabriqué beaucoup, vite et
assez mal, au hasard, ils se voient forcés de fermer beaucoup
de leurs grandes fabriques de tissus. Plusieurs centres de
consommation d'outre-mer sont encombrés de marchandises
qu'on vend aussi bon marché qu'en Europe. Les liquidations
ruineuses se succèdent et font des victimes partout. La crise
de Vienne a fait son tour en Europe et elle a sévi également aux États-Unis. Pendant qu'on écoule au mieux tous
ces articles américains et autres qui encombrent les débouchés de leur continent et ceux de l'Extrême-Orient, l'industrie européenne souffre et végète de ne pouvoir y porter ses
produits.

Il ne suffit pas qu'une industrie soit productive pour qu'un
pays quelconque ait des chances de réussite à l'introduire en la
protégeant par des impôts presque prohibitifs.

Ainsi, aux États-Unis, jadis tributaires de l'Europe pour la
majeure partie des tissus de laines et autres consommés par sa
population, on a reconnu que, par suite des influences climaté-
riques et des rapides changements du chaud au froid, on ne peut
atteindre, en filature, à dix numéros près, avec les mêmes laines,
les résultats donnés sans peine en Europe. Cela constitue encore
une cause d'infériorité s'ajoutant à la cherté de la main-d'œuvre.

Après tous ses orages et ses débordements, le monde des affaires pourra profiter de ces coûteuses leçons, où les lois de
l'offre et la demande ont été transgressées. Au lieu de marcher
tête basse dans l'inconnu des affaires, on s'entourera de tous les
renseignements nécessaires, pour ne pas retomber dans les erreurs du passé. Il y aura des déplacements d'industries et des
changements d'emplois, comme au temps de la découverte de
l'imprimerie, de la filature, du peignage et du tissage mécanique
des matières textiles.

Afin de ne pas abuser de l'attention des lecteurs sur les arguments pour ou contre la *protection*, il suffira de contrôler quelques résultats obtenus aux États-Unis, le grand foyer du protectionisme.

Dans tous ces grands centres de production et de consommation, on a obtenu des résultats satisfaisants pour la classe limitée des producteurs, en faisant payer fort cher les denrées nécessaires aux consommateurs, formant la majorité, et par là, renchérissant le coût de la main-d'œuvre au-delà des proportions connues en Europe. Encouragés par ces succès, les Américains ont marché tête baissée, à grande vapeur. Dans cette avidité d'affaires, ils ont monté des usines immenses, ils ont produit beaucoup, rapidement et parfois assez mal, dans certaines industries. C'est ainsi qu'ils sont arrivés à dépasser les besoins de la consommation indigène et, joignant l'audace commerciale à l'ardeur manufacturière, ils ont déversé un peu partout leur trop plein de marchandises coûtant fort cher et rivalisant difficilement avec les produits européens. Mais il faut absolument les faire passer dans la consommation, même à vil prix; et en prolongeant cette dure expérience, les grands faiseurs du Nouveau-Monde arrivent à la ruine. Ils laissent repartir les ouvriers français qu'ils avaient fait venir de Lyon pour installer des fabriques de soieries, et auxquels ils ne peuvent plus donner des salaires suffisants pour vivre.

Beaucoup de grandes manufactures de draps et tissus de laine ont fermé leurs portes, et d'autres se préparent à en faire autant, d'après les rapports qu'on publie dans les journaux techniques et autres, en Angleterre et ailleurs. Cependant, le rapport du chef du bureau de la statistique des États-Unis, publié à Washington, ne porte encore que des traces légères de cette crise intense. Ainsi, les exportations totales de laines brutes et tissus indigènes, pour l'exercice de l'année terminant le 30 juin 1884, a été de 3,535,905 francs, tandis que, pendant l'exercice précédent, il était de 1,041,040 francs. Puisqu'on diminue beaucoup la production et qu'on écoule les soldes américains partout, la réduction sera sensible dans l'exercice en cours. Après cela, les produits européens reprendront leur place prépondérante sur les grands marchés d'outre-mer, et même en Amérique, où ils restent demandés et très appréciés. La meilleure preuve peut être puisée dans la statistique officielle. Dans l'exercice de 1883, les importations de laines brutes, fils et tissus de laine ont atteint 270,121,415 francs, et en 1884, elles ont été de 267,711,460 francs. Cette diminution de 9 millions à peine, n'est pas compensée pour le total d'exportation des mêmes articles. Donc, tous les pays ont un intérêt majeur de ménager une grande nation qui compte 51 millions de consommateurs. Si l'agriculture française souffre un peu de la concurrence des blés, des viandes salées et de produits d'Amérique, beaucoup d'autres industries ont absolument besoin de ces produits, et la France entière a beaucoup à gagner dans le développement de ses échanges commerciaux avec un pays auquel elle peut envoyer beaucoup plus qu'il ne peut fournir.

Voici les chiffres :

TABLEAU

De la valeur des importations en France des produits et marchandises provenant des États-Unis.

IMPORTATIONS	1879	1883	1884
Marchandises indigènes.........	440.970.205 fr.	279.825.955 fr.	246.453.250 fr.
Marchandises étrangères.......	7.377.930	13.585.160	8.046.175
Totaux...........	448.348.135 fr.	293.411.115 fr.	254.499.425 fr.

EXPORTATIONS TOTALES	1879	1883	1884
De France aux États-Unis	253.423.005 fr.	480.045.820 fr.	354.212.065 fr.

En 1884, la France avait une balance de 100 millions en sa faveur, et les États-Unis constataient une diminution de 194 millions dans le chiffre de leurs envois chez nous, comparé à celui de 1879. Cela est concluant.

Voilà donc des exemples puisés dans le pays le plus protectionniste du monde, et qui démontrent surabondamment le danger de détruire l'équilibre entre l'offre et la demande, c'est-à-dire entre les besoins de la consommation des peuples et les moyens excessifs de production.

Logiquement, on pourrait conclure que l'abus de la protection produit une crise, aussitôt que la production locale dépasse un peu les besoins indigènes et rend les pays protectionnistes incapables de supporter au dehors la concurrence étrangère, pour l'excédant de leur production, dont la main-d'œuvre revient trop cher. Le remaniement des tarifs ne peut produire que des effets secondaires.

On se ferait illusion sur le caractère de la crise industrielle, en croyant que ses causes sont passagères. Tous les peuples des colonies, comme ceux du Nouveau-Monde, continueront à développer leurs efforts pour remplacer les denrées et produits de l'ancien continent par ceux de leurs industries de première utilité. Pour y arriver, ils se protègent contre la concurrence étrangère, sans quoi ils ne réussiraient point. On a vu dernièrement le Canada, plusieurs colonies australiennes et d'autres pays en Europe, augmenter leurs tarifs d'importation. Les courageux colons viennent chercher en Europe toutes les machines et tous les procédés les plus perfectionnés pour produire eux-mêmes, non seulement toutes les denrées alimentaires, mais encore les tissus et tous les autres objets nécessaires à la vie. Ces tendances et aspirations naturelles se propageront encore dans toutes les directions, à moins que la civilisation ne s'arrête et rétrograde, ce qui est inadmissible. Jusqu'ici, on a produit, sur les deux continents, absolument comme si la production devait forcer la consommation. Les évènements prouvent qu'on a eu tort partout.

En effet, les Anglais libre-échangistes, les Etats-Unis protectionnistes et les Français adoptant un terme moyen, sont arrivés aux mêmes crises, aux mêmes embarras financiers, industriels et commerciaux. Donc, il n'y a pas de dogme infaillible dans les échanges qui s'imposent à tous les pays civilisés.

Au point de vue de la statistique industrielle, la France est encore dans une situation relativement satisfaisante, puisque, l'année dernière, elle a exporté 1,722 millions de francs, et importé seulement 644 millions de francs de produits manufacturés. Que ferait-elle avec le surplus de 1,078 millions de sa production nationale, si, par des conventions habiles, elle n'en facilitait pas l'écoulement à l'étranger?

Elargissons notre objectif sur la statistique officielle de la France. Nous trouvons que nos exportations totales, en 1884, montent à 3,350 millions de francs en denrées alimentaires, matières premières et produits manufacturés, tandis que nous en importons pour 4,526 millions de francs. En apparence, nous recevons 1,176 millions de francs de plus que nous ne fournissons officiellement. Mais cela ne démontre pas que nous perdions comme l'affirment les pessimistes, s'appuyant sur des préjugés populaires ou les doctrines erronées du système mercantile.

Les relevés administratifs des importations et des exportations d'un pays contiennent des erreurs, des omissions et des lacunes constantes. Ils ne peuvent pas tenir compte de tous les payements que la France donne ou reçoit en espèces, en traites, en titres non déclarés, en valeurs diverses, dont les nombreux voyageurs sont les porteurs. La France reçoit en denrées diverses plus qu'elle ne fournit ; mais la masse de ses importations est en matières premières nécessaires à l'industrie, et cet élément n'entre que pour une faible part dans la valeur des produits fabriqués qu'elle exporte en gardant naturellement le bénéfice qui est le fruit de son travail et de son goût. Les placements ou immobilisations de capitaux, au loin, par les étrangers eux-mêmes, qui exploitent plusieurs de nos grandes branches d'affaires et *vice versâ* sont incontrôlables. Les subtilités de la contrebande et les déclarations erronées en douane sont encore des causes d'imperfections inévitables dans les tableaux officiels du commerce. Avant d'en déduire des conclusions défavorables à la France, il faudrait pouvoir évaluer tous ces faits. En tous cas, l'équilibre des avantages mutuels dans les échanges s'établit et se rectifie par la force des choses.

Il n'y a pas à s'alarmer de la diminution de 91 millions de francs dans l'exportation, en 1884, des objets manufacturés, parce qu'avec la baisse de valeurs de ces objets, la quantité exportée peut rester à peu près la même ; ensuite, pourquoi produire sans mesure et aller sacrifier au loin des marchandises dont tous les marchés sont actuellement encombrés ? La dernière raison explique la diminution de 84 millions de francs dans les importations de produits nécessaires à l'industrie, ainsi que l'augmentation de 23 millions de francs dans nos exportations des mêmes produits. C'est la preuve que la nécessité de régler la production sur la consommation s'est fait sentir, en France comme ailleurs. En 1884, l'Angleterre a importé 9,744 millions de francs et exporté 7,384 millions de francs, soit 2,360 millions de francs en moins. Les États-Unis ont importé 3,338 millions de francs et exporté 3,702 millions de francs, soit une balance de 364 millions de francs des exportations qui ont diminué de 417 millions sur l'exercice correspondant en 1883.

D'autre part, on trouvera les documents officiels :

COMPARAISON

DES

IMPORTATIONS ET EXPORTATIONS EN 1883 ET 1884

ÉTABLISSANT :

1º La balance entro les importations et les exportations de chaque année;

2º Les changements survenus en 1884;

D'après les chiffres officiels. En millions de francs.

ANNÉES	FRANCE				ANGLETERRE				ÉTATS-UNIS			
	IMPORTATION	EXPORTATION	SURPLUS		IMPORTATION	EXPORTATION	SURPLUS		IMPORTATION	EXPORTATION	SURPLUS	
			Importat.	Exportat.			Importat.	Exportat.			Importat.	Exportat.
1883................................	4.804	3.452	1.352	» »	10.640	7.636	3.004	» »	3.616	4.119	» »	503
1884................................	4.526	3.350	1.176	» »	9.744	7.384	2.360	» »	3.338	3.702	» »	364
Augmentation................	» »	» »	» »	» »	» »	» »	» »	» »	» »	» »	» »	» »
Diminution en 1884............	278	102	» »	» »	896	252	» »	» »	278	417	» »	» »

Outre les causes indiquées, les économistes anglais prouvent qu'une grande partie de l'excès des importations sur les exportations, de 2,360 millions de francs, en Angleterre, provient des paiements, en denrées et matières premières, etc., des revenus sur les prêts et placements permanents aux colonies et à l'étranger, atteignant presque 50,000 millions de francs. Ce qui est vrai de l'Angleterre, l'est aussi de la France, comme des autres pays, et n'a rien d'inquiétant, au contraire. Cela explique comment la France a payé une partie de l'*indemnité de guerre*, par l'excès des exportations sur les importations, qui s'est élevé à près de *un milliard*, de 1872 à 1875. De même, les Etats-Unis réduisent leur dette nationale par un surplus d'exportation sur l'importation, qui se chiffrait par 503 millions de francs en 1883, et 364 millions, en 1884. C'est pourtant en tirant de fausses conclusions de cette situation que beaucoup d'économistes français et allemands tombent dans l'erreur.

Puisque les faits prouvent qu'il n'y a pas de système infaillible en affaires, et que, sous les théories opposées du libre-échange et de la protection, les plus grandes nations du monde ont souffert, on arrive à chercher un moyen, une combinaison d'une application facile et assez générale, qui donne satisfaction aux aspirations légitimes des peuples civilisés.

Si l'application du libre-échange avait donné complète satisfaction en Angleterre, les théories du « Fair trade » n'auraient pas recruté autant de partisans.

Les principales réformes préconisées par les « fair traders » ou « commerçants rationnels » comprennent : 1° l'entrée en franchise de droits de toutes les matières brutes pour l'industrie ; 2° l'augmentation de 10 0/0 des droits sur les vins, le thé, le café, les fruits, les spiritueux et le tabac, provenant des pays autres que les colonies anglaises, pour lesquelles on ferait une distinction ; 3° l'impôt sur les denrées alimentaires importées de l'étranger et la franchise pour celles provenant des colonies ; 4° un droit d'entrée sur les produits manufacturés dans les pays étrangers qui imposent des droits protecteurs ou prohibitifs sur les produits fabriqués en Angleterre.

Cette tentative de retour à la protection n'aboutira pas en Angleterre, où les défenseurs de la liberté du commerce sont encore en grande majorité ; mais, cette tendance trahit des défaillances, des hésitations et surtout un besoin d'améliorer la situation de plusieurs branches d'industrie et de commerce.

Dans toutes les théories de Cobden et de ses imitateurs, on

trouve des réponses et des arguments victorieux pour renverser tous ceux qui appuient les demandes des « fair traders », comme celles des protectionnistes. Cependant, il y a une tendance qui grandit chaque jour et forcera l'Europe industrielle à découvrir des combinaisons locales et internationales nécessaires pour conserver sa position.

Toutes les colonies anglaises ont recours à des droits protecteurs, pour s'émanciper de la métropole, au point de vue de la production des tissus, vêtements et autres objets de première utilité. Les nations arriérées, en Europe comme dans les autres parties du monde, sont également animées du désir de produire elles-mêmes tout ce qu'elles font venir de l'étranger. Au lieu de s'éteindre, ce sentiment d'indépendance et d'orgueil national pénétrera partout, par les moyens rapides de communication et la facilité d'implanter une nouvelle industrie, dans un pays quelconque, en se procurant les machines, les procédés et les ouvriers expérimentés nécessaires. Les déclamations et les représentations intéressées des anciens fournisseurs libre-échangistes, protectionnistes ou négociants rationnels n'arrêteront pas la marche de la civilisation sur tous les points du globe, pas même dans les pays pauvres, engourdis par la paresse et l'insouciance, comme l'Asie-Mineure, où les musulmans laissent sans culture des terres fertiles sous un soleil radieux.

Pénétrées de cette vérité et subissant ses conséquences, toutes les anciennes nations industrielles de l'Europe ont été prises dernièrement d'une espèce de fièvre de colonisation. Voulant développer leurs débouchés, la France, l'Angleterre, l'Allemagne, la Russie, l'Italie et le Portugal ont fait leurs revendications sur les régions convoitées et, dans la conférence de Berlin, on cherche à se mettre d'accord sur certains points. La France a combattu, en Afrique et en Chine, dans cette intention ; mais sera-t-elle plus heureuse qu'avec le Canada et ses autres anciennes colonies, qui sont devenues riches sous d'autres gouvernements ? Les Français s'expatrient très difficilement et ne reconnaissent pas assez généralement que les nombreuses familles font la richesse des nations ; aussi, vivent-ils chez eux et n'éprouvent-ils pas, comme leurs voisins, le besoin d'aller au loin pour chercher la fortune et contribuer à celle de la patrie. Dans ces derniers temps, plusieurs grands établissements financiers français ont créé des banques en Amérique, en Australie, en Chine et en Afrique ; succursales dont les sociétés ou syndicats commerciaux seraient les corollaires ou les compléments indispensables, afin que les richesses de la France restent, autant que possible, entre les mains des Français ; ce qui n'est pas le cas à présent et ce qu'on peut rectifier, en partie, pour l'avenir.

Afin d'enrayer le mal dont on vient de tracer toute l'étendue, il faut ne point l'aggraver par un changement brusque, mais autant que possible, utiliser tous les éléments qu'on possède, selon les exigences bien raisonnées de la situation. Il y a des gens qui, pour faire prévaloir leur parti-pris, pour la protection ou le libre-échange, sacrifieraient peut-être, sans le vouloir, l'intérêt général à l'idée ou au système personnel et plongeraient la France dans l'isolement le plus complet, ce qui serait désastreux pour ses intérêts matériels et politiques.

Les libre-échangistes d'Angleterre nous fournissent eux-mêmes les théories du *commerce international équilibré ou compensateur*, le seul vrai et durable. En effet, pendant l'année 1884, l'Angleterre a encore prélevé des droits d'entrée sur 712 millions de francs de café, thé, vins, bières, spiritueux, tabac, fruits secs, cacao, chocolat et chicorée. On se sert de cette amorce, pour la négociation des conventions commerciales avec les colonies et les autres pays, dans l'intention bien arrêtée de ne faire aucune réduction des droits actuels, à moins que cela ne soit à l'avantage de l'Angleterre ou ne lui procure des *compensations*. Cela sert de levier pour forcer les barrières contre l'introduction des produits manufacturés anglais, dans les pays peu développés au point de vue industriel, comme les négociations avec l'Espagne le prouvent. L'Angleterre ne cherche pas à s'exonérer de l'importation des denrées alimentaires et des matières premières nécessaires à l'industrie ; d'abord, parce qu'elle ne pourrait les produire chez elle, et ensuite, parce qu'elle craindrait les représailles des pays qui les lui fournissent. Elle veut que son peuple jouisse du bon marché des blés d'Amérique et autres denrées, dans la crainte, en limitant l'importation des blés, que les Américains, n'y trouvant plus l'emploi fructueux de leur travail et de leurs capitaux, ne les utilisent dans les industries manufacturières ou la marine marchande, en faisant une concurrence redoutable à l'Angleterre, ainsi qu'à l'Europe entière.

Quand un pays entreprenant et protectionniste comme l'Amérique, est arrivé à un développement complet dans l'agriculture, l'industrie, le commerce et les finances, ce qu'il y a de plus à craindre pour les autres, c'est une évolution trop rapide vers le libre-échange, qui s'impose par le mouvement des progrès résultant de sa grande intelligence et de son puissant travail.

L'Europe entière doit se préparer, tôt ou tard, à cette lutte formidable, dans laquelle il n'y aura de possible que le commerce international compensateur.

Chaque pays conserve ses avantages naturels pour la culture de certaines denrées alimentaires. Il les conserve également, en maintenant une supériorité incontestable pour fabriquer mieux et à meilleur marché un ou plusieurs produits utiles. Le rôle du haut commerce sera toujours de suivre exactement les demandes et les offres des divers pays et de signaler aux consuls les concessions à faire en échange des avantages à obtenir. Sous ce rapport, il y a toute une étude à faire et un remaniement assez général de nos conventions commerciales et maritimes. Mais, on a déjà des bases assez sûres et une expérience acquise, à l'aide desquelles on peut, sans aucune convulsion, mener une campagne économique régénératrice à bonne fin. Au fur et à mesure de l'expiration de nos traités de commerce, on pourrait les remplacer par des conventions commerciales rationnelles ou équilibrées, en améliorant encore les plans proposés dans la cinquième partie sur cette question.

Il résulterait, sans doute, de l'examen approfondi des conditions respectives des diverses industries du monde, que la France doit faire dans quelque branche une concession, un sacrifice, pour obtenir l'équivalent d'un autre pays. A l'aide de renseignements précis, du tact, des dispositions conciliantes, tout en se garant des surprises, on pourrait commencer cette œuvre nécessaire à l'avenir du commerce de la France dans les cinq parties du monde. Le champ, déjà très vaste, s'élargit sans cesse, par l'augmentation des populations et l'introduction du bien-être et du luxe dans toutes les classes de la société; il y a donc beaucoup à faire, pour y récolter les fruits d'un travail éclairé, persévérant et bien dirigé. Ce seront les peuples actifs, comprenant le mieux cette situation, qui cueilleront les lauriers, tandis que les indifférents marcheront rapidement vers la décadence.

SIXIÈME PARTIE

L'accroissement de la fortune et les moyens de l'utiliser.

Lorsque, par l'épargne, sur les gains résultant du travail, ou, sur des revenus quelconques, certaines fortunes se sont faites et arrivent à dépasser ce que les heureux millionnaires peuvent dépenser en se donnant toutes les jouissances de la vie, il se produit une demande croissante de bons placements. Pendant que le malheureux mercenaire travaille péniblement, sans relâche, avec le sombre souci de subvenir aux plus urgentes nécessités de la vie de sa famille, il y a des gens qui ont l'inquiétude absorbante de conserver et de placer sûrement ce que ni eux ni leurs entourages ne peuvent consommer. Cette surabondance de biens acquis, cette fortune exubérante s'augmente forcément par les revenus sans cesse renaissants, comme par les intérêts composés qui, en banque, doublent en quatorze années un capital placé à 5 p. 100 d'intérêt annuel ; ainsi, un million de francs est doublé en quatorze années, et ces deux millions en font quatre à la vingt-huitième année, lesquels en formeront huit à la quarante-deuxième année de placement ; et ainsi de suite, dans une proportion par quotient conduisant à des chiffres formidables. C'est l'exemple du franc qui, placé à intérêts composés, arrive en plusieurs centaines d'années à représenter une fortune équivalente à un globe en or ayant le volume de la terre.

C'est ainsi que toutes les plus grandes fortunes du monde se développent sans cesse, en profitant de tous les meilleurs placements que les gens intelligents, mais sans ressources, ne peuvent exploiter eux-mêmes. Directement ou indirectement, les meilleures affaires arrivent aux puissants capitalistes, toujours les premiers renseignés par des agents actifs. Les gros capitalistes ont des actions presque partout, des maisons productives, des fermes, des bois, des rentes sur l'Etat ou payées par des commerçants qu'ils commanditent. Ce sont les plus puissants, c'est-à-dire les plus encombrés de richesses, qui établissent la valeur de cet ensemble ou le taux de capitalisation que le monde entier subit.

Dans tous les placements sur les fonds d'Etat, les mines, les chemins de fer, les sociétés financières, industrielles et commerciales, où la demande augmente par les motifs exposés, les revenus baissent en proportion et diminueraient davantage, sans les besoins factices de la spéculation qui vit sur les fluctuations de plus en plus légères des bonnes valeurs et cherche à se rattraper sur l'importance des marchés contractés. Les Bourses de valeurs souffrent aussi de la hardiesse d'une classe de joueurs qui veulent vivre de petits profits cent et mille fois répétés sur des hausses ou baisses, dans lesquelles ils risquent bien au-delà de leurs fortunes. C'est ainsi que les « krachs » ou cracs arrivent. Cette abondance d'argent à placer produit les mêmes effets dans la spéculation sur les maisons et dans les commandites ou prêts de fonds à l'industrie et au commerce. Celui qui ne risque pas sa propre fortune, et n'a qu'à payer des intérêts, est bien plus hardi et se contentera de bénéfices plus restreints dans les affaires. Il les forcera, pour en faire beaucoup, par tous les moyens possibles, en prenant tous les risques refusés par les gens sages. Ces derniers résistent, mais ils sont entraînés dans le mouvement des affaires, où il faut se contenter d'intérêts un peu supérieurs à ceux que les emprunteurs s'engagent à payer aux capitalistes. Cela devient intolérable dans plusieurs directions, où l'on commence, par les leçons reçues, à s'apercevoir qu'on fait fausse route et que la surabondance des capitaux inactifs et mal dirigés peut être un grand danger. Pour suivre ce faux mouvement, assez général, des grands risques, en vue de gagner seulement des intérêts de capitaux, on est forcé de réduire le salaire du travailleur, et, sans se préoccuper des conséquences, on produit, nuit et jour, à toute vapeur, des marchandises dont on trouve difficilement la vente à prix coûtant dans certaines industries. Voilà un tableau de la situation réelle de beaucoup d'usines. Le travail national en dépend.

Malgré cela, tout le monde, du haut en bas de l'échelle sociale doit s'incliner devant cette puissance envahissante des grosses fortunes qui augmente les difficultés de ceux qui travaillent pour y arriver. Ces immenses sphères d'or, roulant par la force perpétuelle des besoins humains, ressemblent à de grosses boules de neige se mouvant sur la descente d'un coteau où elles s'augmentent de toutes les masses mobiles d'un volume inférieur en les écrasant sur leur chemin.

Eh bien ! dans un moment de crise ou de gêne populaire, au lieu de taxer le pain quotidien des malheureux et d'obérer l'agriculture et l'industrie par des impôts déjà trop lourds, ne serait-il pas plus juste de prendre le nécessaire dans le superflu ?

Il est vrai que les plus riches familles payent, sous mille formes diverses, des contributions à l'État, qu'elles sont souvent généreuses pour les pauvres et se font pardonner ces inégalités de positions ; mais il faut encore autre chose, pour rétablir un juste équilibre entre toutes les classes solidaires de la société.

C'est la contribution sur le superflu des riches qui doit être utilisée pour les nécessités des pauvres travailleurs. Sans avoir la prétention de faire de la législation ici, on peut émettre l'idée de l'impôt immédiat sur toutes les fortunes dépassant un ou deux millions, qui sont nombreuses et faciles à trouver en France. Naturellement, il faudrait établir une distinction entre les familles nombreuses et celles qui n'emploient pas leurs ressources dans l'agriculture ou l'industrie, c'est-à-dire qui ne nourrissent pas une certaine quantité de leurs semblables.

Il serait possible également d'augmenter les droits de mutation ou d'héritages sur les grosses fortunes et de les surcharger proportionnellement à leurs chiffres revenant à chaque héritier, de doubler, quadrupler, décupler les droits actuels, selon qu'une personne hérite de deux, quatre ou dix millions. Voilà des idées à creuser et qui peuvent aussi servir à résoudre le grand problème social. Cette nouvelle forme de l'impôt sur la fortune superflue obvierait aux inconvénients de l'impôt sur le revenu qui frappe, sans distinction, la fortune agricole ou industrielle, si fragile de nos jours, qui consiste surtout en usines et instruments qui font vivre les classes laborieuses. Il serait juste de leur rendre moins lourd l'accomplissement de leur œuvre sociale et humanitaire dans les temps difficiles, par l'application des impôts somptuaires.

Si cet impôt ne sourit pas aux contribuables visés, faisant ressortir les moyens de l'étudier et son inefficacité partielle, cette particularité est commune à tous les impôts; il n'en est pas un seul qui soit parfait et populaire. Cette taxe n'éloignerait pas non plus les familles riches qui trouvent en France, et surtout à Paris, le foyer de la littérature, des sciences et des arts, où toutes les célébrités se donnent rendez-vous. On chercherait en vain un meilleur ensemble d'avantages, de charmes, d'attraits pour une vie agréable dans les autres capitales de l'Europe.

Comme pour toutes les réformes, on pense de suite que ce serait bien difficile, sinon impossible; mais il y a des précédents en Angleterre. L'impôt sur la fortune et le revenu fonctionne de mieux en mieux, au fur et à mesure des progrès développant les sentiments de délicatesse et de dignité des contribuables anglais riches et intelligents. Il y en a souvent qui envoient au Trésor la « conscience money », c'est-à-dire l'argent des remords de conscience, pour avoir fait une déclaration fausse ou insuffisante. Pourquoi cela ne se produirait-il pas en France, où l'intelligence et la moralité ne sont pas moins grandes? Si dans certaines classes d'avares ou de parvenus récalcitrants, on avait à craindre la transformation d'une partie des biens fonciers en valeurs au porteur, moins accessibles au contrôle de l'enregistrement, on pourrait, à la loi en question, ajouter un décret d'impôt sur les ventes immobilières et les titres au porteur, ou prendre telle autre mesure suggérée par l'ingéniosité du fisc. Cette objection secondaire ne paraît pas détruire les chances de succès de trouver d'abondantes sources de revenus fiscaux dans les classes favorisées de la fortune, plutôt que dans celles qui gagnent péniblement à peine de quoi pourvoir aux besoins urgents de la vie. En tous cas, il serait juste et logique de chercher à atteindre la fortune et l'argent où ils se trouvent et non pas où ils font défaut. Ce n'est pas non plus le *statu quo* qui fera résoudre le problème.

CONCLUSION

Avec un sol fertile, sous un soleil radieux, des produits abondants et variés; avec une population active, travailleuse, remplie de goût dans les arts industriels et autres, avec un entrain, une verve, un esprit délicat qui semblent être l'effet de son climat et de ses excellents vins, comment la France s'est-elle laissé devancer par d'autres pour l'exploitation de ces avantages? Autrement dit, quand une grande nation possède l'idéal de l'abondance, tellement qu'on puisse dire chez ses voisins d'outre-Rhin comme dicton populaire :

« *Er lebt wie ein Gott in Frankreich.* »

« Il vit heureux comme un dieu en France »; comment s'expliquer cette espèce d'engourdissement et d'affaiblissement, momentané, espérons-le, de l'énergie ou de l'esprit national?

L'application aux affaires agricoles, industrielles et commerciales des transports à vapeur, par terre et par mer, de la télégraphie, de la sténographie et, récemment, de la téléphonie, et de toutes nos merveilleuses découvertes, a complètement transformé tous les procédés d'exploitation. Avant cette période de progrès, la masse des Français pouvait gagner de l'argent en traitant les affaires en amateurs. Maintenant, il faut compter avec la rapidité des moyens employés et la supériorité des hommes d'affaires avec lesquels on se trouve en contact à l'étranger. Un peu trop de notre ancien esprit français nous mettrait en retard, si l'on n'y prenait garde. L'agriculture, l'industrie et le commerce sont devenus des sciences, dont il faut suivre toutes les transformations pour ne pas s'exposer à être renversé.

D'après ce qui précède, l'exposé de la situation générale de la France peut se résumer comme suit:

L'*agriculture* peut améliorer sensiblement sa condition actuelle par les moyens indiqués qui réussissent dans beaucoup de pays. Comme les progrès sont lents à produire des résultats pécuniaires, en attendant que les grandes industries, produisant trop, soient forcées de renvoyer une partie de leurs ouvriers dans les champs où ils seraient plus utiles, en attendant qu'une succession de bonnes récoltes ramène le bien-être et la prospérité dans les populations agricoles, le gouvernement pourrait dégrever une partie des charges qui pèsent sur les cultivateurs et fermiers et les reporter sur les classes plus heureuses.

Plusieurs grandes *industries*, mal renseignées, produisent à toute vapeur, absolument comme si la consommation devait toujours suivre la production, comme si l'offre entraînait la demande. Les mauvais résultats de cet élan illogique commencent à faire entrer beaucoup d'industriels dans une voie moins dangereuse, en les amenant à s'assurer d'abord des débouchés, pour la majeure partie de leur production.

Dans le *commerce*, pour la *consommation intérieure*, on a expliqué comment il est possible de faire jouir les producteurs d'une plus grande partie de leur travail et d'éviter, pour la vente des objets de première utilité, ce luxe coûteux et superflu qui prend des proportions extravagantes.

Pour les grandes *industries* qui alimentent le *commerce de l'exportation* et *la marine marchande*, on a vu quels sont les écueils à éviter dans les traités et l'urgence du développement de nos relations à l'étranger, tout en appliquant les principes du commerce international compensateur et des tarifs conventionnels, sans retomber dans l'ancienne erreur des tarifs différentiels.

Au *point de vue financier*, on peut trouver des éléments nombreux pour l'emploi productif des capitaux dans des entreprises appelées à rendre de grands services, telles que : les banques agricoles, les sociétés de grande culture, les camps ou familistères agricoles, les entrepôts coopératifs des fabriques de France, les banques de marchandises, les sociétés françaises ou syndicats coopératifs pour l'exportation et l'importation, ainsi que pour la production et la vente locale des objets de première utilité.

Il n'y a rien d'impossible dans l'exécution des progrès, des réformes et des projets énumérés ci-dessus ; mais il faut que l'initiative des parties intéressées s'en mêle activement et que nos gouvernants la dirigent et la stimulent dans la voie de l'intérêt général.

Dans tous les éléments de production de la richesse privée et publique, on a exposé précédemment qu'il y avait des progrès à suivre, des exemples à imiter, des expériences à mettre à profit. La voie est donc toute tracée. La presse donne son appui et sa publicité à toutes les améliorations pratiques, sanctionnées par le succès d'expériences incontestables. Que tous les bons patriotes fassent seulement un petit effort d'initiative personnelle! que le gouvernement la dirige et la stimule un peu, et le résultat collectif dépassera les espérances! Pour toutes ces raisons, la France peut aspirer à occuper bientôt le premier rang des nations qui savent utiliser leur intelligence, leur travail et leur situation, par la mise en pratique des vieux proverbes :

« Aux grands maux, les grands remèdes. »
« Qui veut la fin, veut les moyens. »
« L'union fait la force. »

Paul PIERRARD.

Londres, le 14 février 1885.

OPINION DE LA PRESSE

Le journal le *Temps* publiait, le 26 mars 1885, l'article suivant :

On ne dira pas que cette brochure ne vient pas à point. La question qu'elle pose est sur toutes les lèvres. La plupart des pays sont aux prises avec des difficultés économiques exceptionnelles : comment y mettre fin ? Il n'est peut-être pas de question plus importante.

L'auteur la traite en se plaçant surtout au point de vue de la France. C'est, en somme, pour nous, le point de vue le plus intéressant. Il est bien vrai que, si la crise cessait au dehors, notre propre situation ne pourrait pas beaucoup tarder à s'améliorer. Mais il est non moins évident que nous aurions tort d'attendre purement et simplement cette reprise extérieure, et que nous devons, au contraire, travailler à la stimuler dans la mesure de nos forces. L'étude entreprise par M. Paul Pierrard est donc, à tous égards, la bienvenue.

Elle l'est d'autant plus, qu'elle vient, dans une certaine mesure, donner un appui à la politique économique libérale. Celle-ci n'en a jamais eu plus besoin que maintenant.

« Pour ceux qui, comme moi, dit M. Pierrard, ont suivi presque toutes les péripéties de la crise, sans avoir un parti-pris d'avance, il est évident que le projet de l'impôt sur les blés et la viande est non seulement contre l'intérêt général, mais également préjudiciable à l'agriculture. Ces droits produiraient des résultats nuls ou opposés à ceux qu'on recherche. On verra ensuite qu'ils accentueraient encore le manque d'équilibre de notre situation économique, c'est-à-dire la principale cause du mal. »

Ailleurs, l'auteur s'exprime encore, à ce sujet, dans les termes suivants : « Ne perdons pas de vue que nous avons beaucoup d'ouvriers occupés dans des industries qui se soutiennent presque complétement par l'exportation et qui chômeraient sans cela. Des villes comme Roubaix, Reims et d'autres ont prospéré en fabriquant des tissus pour l'Angleterre et les Etats-Unis. Nos centres vinicoles ne pourraient guère se passer de leurs débouchés au dehors. Toutes les autres grandes industries occupent leurs ouvriers, même pendant les crises, avec le seul objectif et l'espoir de trouver des débouchés au loin. On a vu que la France importe pour 832 millions et exporte pour 1,900 millions de produits manufacturés et autres, ce qui lui est très favorable. Quels que soient les désirs naturels et les aspirations de certaines branches de l'agriculture actuellement en souffrance, ce serait une grande imprudence, pour ne pas dire une calamité nationale, d'exposer le reste de la France agricole, vinicole, industrielle et commerciale à l'isolement commercial, aux représailles directes ou indirectes, ainsi qu'au ralentissement et à la perte partielle des relations commerciales, si difficile à fonder et à entretenir dans les pays lointains. »

Voilà, à notre avis, la vérité. On sait, du reste, avec quelle force et quelle autorité notre savant collaborateur M. Louis Grandeau l'a mise, ici même, en lumière, dans sa remarquable étude sur la *Production agricole en France.* Personne, pas plus à la Chambre qu'ailleurs, n'a réfuté cette démonstration scientifique.

Mais n'y a-t-il rien à faire? Pour l'agriculteur, spécialement, M. Grandeau a indiqué toute une série de réformes. Pour l'industrie et le commerce, M. Paul Pierrard n'est pas moins précis.

Il voudrait, en premier lieu, que de grands entrepôts de marchandises françaises fussent créés, en France et à l'étranger. « Dans ces grands entrepôts, on pourrait réaliser en ventes publiques les marchandises ou produits ne s'écoulant pas facilement entre les mains des fabricants. Il est certain que, par la concurrence publique, on obtiendrait ainsi pour le producteur un prix supérieur à celui qu'il accepte, bon gré mal gré, en tête à tête avec *un seul* acheteur de soldes. Ces enchères périodiques de divers produits attireraient un grand concours d'acheteurs du pays et de l'étranger. Il y a, dans cette proposition, tous les éléments, non seulement d'une rénovation de notre vieux système de vente, insuffisant maintenant, mais aussi une source très lucrative de placements de fonds... Au lieu de voir à Paris, et dans toutes les grandes villes, des banques trop nombreuses pour les besoins du public qui, aujourd'hui, se détourne des opérations de Bourse, on créerait pour le bien du même public des grands comptoirs de vente où se traiterait la *Banque de marchandises.* Il est difficile de supputer *a priori* les bénéfices d'une telle entreprise; mais on peut être certain qu'ils dépasseraient de beaucoup ceux de toutes les banques de valeurs. »

Cette organisation nouvelle appellerait, elle-même, diverses mesures complémentaires. Par exemple, il conviendrait d'étendre les services que rendent déjà les écoles professionnelles, agricoles, commerciales, celles des arts et métiers, et surtout l'Ecole centrale et celle des hautes études commerciales. » De ces écoles doivent sortir des hommes « capables de résoudre les difficultés incessantes de l'agriculture, de l'industrie et du commerce. »

D'autre part, comme le dit M. Pierrard, « il n'est pas facile, à l'étranger, d'obtenir des renseignements utiles pour la pratique, car chacun les garde pour soi. Il n'y a que des sociétés coopératives ou des syndicats commerciaux de manufacturiers, ayant des denrées à acheter ou à vendre, qui pourraient rendre les services dont la nécessité se fait sentir, pour assurer avenir de nos grandes industries en France. »

La brochure de M. Pierrard abonde en vues de ce genre. Tous les conseils qui s'y trouvent ne sont peut-être pas, il est vrai, de la même valeur. Si nous approuvons tout ce que dit l'auteur, en ce qui concerne, soit l'utilité d'une langue commerciale universelle, soit la nécessité d'études approfondies pour la fixation des tarifs des traités de commerce, nous demanderions, en revanche, à faire nos réserves sur « la réglementation de l'emploi des forces productives de l'industrie, » et aussi sur le principe d'un impôt qui frapperait « le superflu des riches, pour rétablir un juste équilibre entre toutes les classes solidaires de la société. » On entrerait par là dans une voie qui nous semble bien dangereuse.

Nous ne pouvions taire ces réserves ; notre estime pour le talent de l'auteur nous les imposait. Tout esprit impartial n'en trouvera pas moins plaisir et profit, nous en sommes convaincu, aux observations de M. Pierrard. Ce sont, comme il l'écrit quelque part, observations « d'un vieux praticien ; » nous dirions, nous, d'un homme de grand savoir et de rare expérience.

La première édition de cette brochure est mise en vente au profit de la Société française de bienfaisance et de l'hôpital français à Londres. A ce titre encore, nous souhaitons ample succès au travail de M. Pierrard ; mais ce n'est là, sans doute, qu'un surcroît bien inutile de recommandation.

Paul. D.

On lit également, à ce sujet, l'article suivant, dans la *France du Nord* :

Boulogne-sur-Mer, 8 avril 1885.

Violentée par d'impitoyables novateurs, la nature a livré à l'homme d'immenses richesses, tant à l'état primitif qu'à l'état artificiel. Les inventions les plus diverses sont venues peu à peu — et surtout dans le siècle actuel — donner à la production une activité et une intensité qui n'ont fait que s'accroître. Dans cet ordre d'idées réalisées ou en cours de réalisation, il fallait s'attendre à un arrêt presque brutal et qui, bien que momentané, causerait une perturbation profonde. La loi de l'offre et de la demande, qui régit le monde économique, ne peut, sans danger, être enfreinte. L'instant de la crise est venu.

En Europe, comme en Amérique, ce manque d'équilibre produit à présent de désastreux effets : toutes les nations cherchent à défendre leurs intérêts ; elles se sentent menacées dans les organes de leur existence même : l'agriculture, le commerce, l'industrie.

De nombreuses publications, ayant pour objet de proposer des remèdes à ce funeste état de choses ont été mises en circulation. Laissant de côté les journaux ou revues économiques, je constate que, la plupart des auteurs ayant l'habitude de traiter de généralités, les moyens de sauvegarde indiqués se tiennent dans un vague qui ne permet pas de tirer des conclusions franches et nettes. En un mot, on a trouvé, peut-être, le microbe économique et ses véhicules, mais on ne l'a pas encore détruit.

On vient, cependant, de me communiquer une brochure qui paraît écrite par un spécialiste, M. Paul Pierrard, de Londres. Elle est intitulée : *Comment résoudre les difficultés économiques actuelles ?* Sans échapper complètement au reproche ci-dessus, cet ouvrage développe, en quarante-trois pages, de substantielles observations et des données pratiques d'un vif intérêt.

M. Paul Pierrard — que je n'ai pas l'honneur de connaître, ce qui me met à l'aise pour lui faire les éloges qu'il mérite — est, il le déclare dans son introduction, un agent commercial. En se posant la question qu'il a prise comme titre de sa brochure, il s'est donc placé au point de vue de ses connaissances spéciales. « On n'a peut-être pas, dit-il, exposé suffisamment les rapports indissolubles de ces branches vitales (l'agriculture et l'industrie) avec le commerce qui joue, cependant, un rôle des plus importants.

Le principe de la théorie de l'auteur ne pouvait être plus franchement indiqué. Il est de toute évidence, — et je le dis en toute naïveté, — que les trois canaux de l'économie générale se tiennent par une solidarité étroite :

l'agriculture et l'industrie, au temps où nous vivons, n'ont de raison d'être que complétées par le commerce. Comme la production, la consommation s'est perfectionnée. Les besoins, sans nécessité particulière, mais par la force des choses — j'entends la facilité des communications — se sont multipliés. Le commerce, utile à l'origine même des sociétés, est devenu indispensable. M. Pierrard fait donc bien de le prendre comme le critère des problèmes économiques et de leur solution.

« Se dégageant des préoccupations personnelles ou politiques, » l'auteur veut apporter, — pour « que l'ensemble de la question soit mis à la portée de tous, » le fruit de son expérience à la masse commune. Français, il veut examiner la situation au point de vue des intérêts de son pays. Ne fut-ce que pour cette pensée patriotique, son ouvrage doit être l'objet d'un examen et surtout d'un encouragement.

Au surplus, les considérations générales que j'analyse ici sommairement, sont détaillées avec concision et talent. Ces prémisses posées, la brochure contient une suite de raisonnements reçus dans un excellent esprit et qui, s'ils peuvent paraître à certains, utopiques ou hasardés, ne montrent pas moins une grande entente des questions soulevées.

Il ne faut pas, d'après M. Pierrard, s'en prendre aux gouvernants des difficultés existantes; on ne peut tout prévoir lorsqu'on conclut un traité de commerce. Et, quant à ceux qu'on subit (il s'agit du traité de Francfort) « ce qui a été fait par la force peut être détruit par de semblables moyens. »

On ne peut qu'applaudir à cet espoir vraiment français tout en approuvant, cependant, la sage réflexion qui suit et où l'auteur formule le vœu que « nos diplomates sauront profiter des occasions pour rétablir un meilleur état de choses sous ce rapport. »

L'augmentation des impôts sur le blé et la viande est combattue par la brochure, qui a été écrite avant l'établissement du droit de 3 fr., récemment voté. S'appuyant sur des autorités, M. Pierrard établit, d'après MM. Paul Leroy-Beaulieu et E. Grandeau, que l'impôt sur les blés ne sera profitable qu'à un nombre restreint de famille, *déjà riches*, et que, pour être efficace, la taxe devrait être de 15 *francs* à l'hectolitre ! Les remèdes vrais sont l'augmentation du rendement et l'abaissement du prix de revient.

C'est là une opinion que partagent presque tous les économistes, pour ne pas dire l'unanimité. Récemment encore, M. G. de Molinari, un éloquent apôtre du libre échange, disait et prouvait, que « toute protection occasionne à la fois un déplacement et une perte de richesse. »

A côté de ces considérations d'économie proprement dite, il y en a d'autres qui ont aussi leur valeur : celles concernant le renchérissement du prix des denrées consommées par la classe ouvrière. J'ai été heureux de rencontrer, dans l'opuscule de M. Pierrard, le développement de réflexions, que j'avais récemment faites à cet égard.

La taxe sur le blé, si minime soit-t-elle, est un fait accompli. Cependant, je crois devoir citer les moyens que propose l'auteur, tels que la création de banques agricoles, la culture avec machines perfectionnées, l'association de cultivateurs, l'organisation de *camps agricoles* où les ouvriers sans travail des villes trouveraient un refuge, la fertilisation des terrains incultes, etc. En un mot, de *généreuses* idées, exprimées en un bon langage, et dont l'application pratique ne serait peut-être pas si difficile qu'on le pourrait croire.

Les améliorations que comportent les systèmes commerciaux sont examinées avec plus de soin encore. L'auteur est là sur un terrain qu'il connaît bien et il le montre. Cette partie de la brochure est d'un intérêt absolu.

Tout d'abord, pour lui, les *Sociétés coopératives*, qui font partager leurs bénéfices aux consommateurs, sont d'une utilité incontestable. A titre d'exemple de ce que coûtent les intermédiaires, les immenses magasins de nouveautés de Paris, avec leur luxe effréné, sont indiqués. « Les accapareurs d'affaires détruisent peu à peu le petit commerce modeste de Paris et de la province et diminuent ainsi la concurrence à l'achat des produits fabriqués. » D'où la ruine des fabricants. S'élevant, aussi contre les dépenses considérables de la publicité, l'autre ajoute : « Tous ces frais énormes de mise en scène et de réclames *coûtent des fortunes* et sont supportés par le manufacturier *comme par le public.* »

M. Pierrard propose donc de fonder des syndicats de fabricants qui se mettraient, avec le *minimum* possible de frais, et au moyen d'entrepôts spéciaux, en relations directes avec le consommateur; et cela, bien entendu, pour les objets de nécessité, l'article de fantaisie et de curiosité pouvant rester le monopole des grands magasins.

Ces syndicats rayonneraient sur les marchés étrangers, de manière à affranchir notre commerce de l'obligation d'être renseigné, le plus souvent, par des maisons *allemandes* et anglaises qui, naturellement, ne s'adressent à la France que lorsqu'il s'agit de marchandises dont leurs compatriotes ne peuvent faire la fourniture.

Une idée fort ingénieuse est celle de faire, dans les entrepôts ou Bourses de commerce ainsi fondés, des ventes publiques d'objets difficiles à écouler... « par la concurrence *publique,* on obtiendrait, pour le producteur, un prix supérieur à celui qu'il accepte, bon gré mal gré, en tête à tête avec *un seul* acheteur de soldes. »

Ce système de *Banque de marchandises,* préconisé éloquemment par M. Pierrard, serait desservi par un personnel *ad hoc,* mûri et instruit, *comme nos concurrents étrangers,* dans les choses du commerce et l'étude des langues vivantes; ce serait une véritable rénovation de notre régime commercial, tant pour la vente à l'intérieur que pour l'exportation.

Il m'est impossible, à moins de citer tout le texte de la brochure, de suivre complétement son auteur dans les excellentes théories qu'il développe. Il engage, notamment, à se défier, dans la rédaction des traités de commerce, des erreurs de la statistique; à restreindre la publicité des chambres de commerce dont profite surtout l'étranger; à expulser de nos industries les travailleurs étrangers. Pour cette dernière proposition, à laquelle je m'associe patriotiquement, M. Pierrard dit : « N'oublions jamais que l'invasion militaire des Allemands a été précédée d'une invasion systématique d'employés et de domestiques qui se sont retournés contre leurs maîtres pour les livrer ! Maintenant, ils sont tous revenus en se donnant des nationalités sympathiques d'Alsaciens, d'Autrichiens, de Suisses, etc. »

La réduction des heures de travail est aussi un remède indiqué, la production exagérée aggravant la disproportion entre l'offre et la demande, et la baisse des produits entraînant celle des salaires.

Nos consuls devraient s'entourer de conseillers commerciaux expérimentés, leurs bureaux ne pouvant être « une pépinière de négociants. » Une langue télégraphique universelle serait utile pour économiser du temps et de l'argent. Les écoles spéciales fourniraient les hommes nécessaires pour cette revivification générale du commerce.

Examinant les systèmes du libre échange et de la protection, M. Pierrard émet cet avis judicieux qu'on doit produire en auss! grande quantité que possible les denrées alimentaires pour la population, et exporter le surplus ; puis, d'un autre côté, faciliter l'introduction des marchandises que le pays ne peut produire. En un mot, l'auteur se montre libre échangiste et, tout en invitant la France à tirer d'elle-même tout ce qui peut être consommé par ses habitants, il exprime la crainte qu' « en fermant doucement la porte à certains produits étrangers, on puisse compter sur la réciprocité. »

Dans les pays protectionnistes, la crise existe aussi intense que dans ceux qui pratiquent la liberté commerciale : « Donc, il n'y a pas de dogme infaillible dans les échanges qui s'imposent à tous les pays civilisés. »

Un peu vaguement, l'auteur de la brochure propose, en conséquence, un système de *commerce international compensateur*. Il avoue, au surplus, que c'est toute une étude à faire et, comme moyen pratique, dans la situation actuelle, il dit que « le rôle du haut commerce sera toujours de suivre exactement les demandes et les offres des divers pays et de signaler aux consuls les concessions à faire en échange *des avantages* à obtenir. » On ne peut qu'approuver ce langage.

La sixième partie de la brochure est consacrée à l'étude des moyens d'utiliser l'accroissement de la richesse.

Après avoir signalé les dangers et l'influence néfaste de la spéculation sur les valeurs, M. Pierrard se prononce pour un impôt non point sur le revenu, mais sur les grosses fortunes. Il y aurait naturellement des distinctions à faire, en particulier pour les familles nombreuses ou pour celles employant leurs capitaux dans l'industrie.

Bien que, dans l'application, l'impôt en question puisse présenter des difficultés sérieuses, je le trouve, en principe, beaucoup plus rationnel que cette proposition, faite par je ne sais plus quel député, d'imposer les traitements des employés, au-dessus de 1,200 fr. Il faut dire, d'ailleurs, que cet injuste et ridicule projet n'a pas vécu : le rire en a fait justice.

Il y a, dans les considérations émises à cet égard par l'auteur de la brochure, une pensée généreuse quoique un peu utopique : ce serait l'âge d'or, en effet, si « la contribution sur le superflu des riches » était « utilisée pour les besoins des pauvres travailleurs ».

En concluant, M. Pierrard s'étonne qu'une grande nation, « possédant l'idéal de l'abondance » puisse être en proie a à une espèce d'affaissement ou d'affaiblissement, — momentané, espère-t-il, — de son énergie et de son esprit propre.

Nous avons, à son avis, traité les affaires en amateurs. « Un peu trop de notre ancien esprit national nous mettrait en retard, si l'on n'y prenait garde. »

Le grand moyen, c'est la collectivité sous toutes ses formes : banques agricoles, sociétés de grande culture, camps ou familistères agricoles, entrepôts coopératifs des fabriques françaises, banques de marchandises, syndicats coopératifs pour l'exportation et l'importation, etc. Cet ensemble, complété encore par le dégrèvement de la culture et le report des charges sur la richesse, par de bons renseignements à l'industrie et au commerce, par la révision logique des traités de commerce, placerait la France au « premier rang des nations qui savent utiliser leur intelligence, leur travail et leur situation. »

J'ai terminé, sans dire encore tout le bien que je pense du travail de

M. Paul Pierrard, l'examen des propositions qui y sont émises; je n'ai par voulu le critiquer sur des points de détail qu'il n'a qu'effleurés d'ailleurs. Je suis heureux, au contraire, de le féliciter de l'esprit patriotique et libéral qui anime son ouvrage. Il a raison, avant tout, de faire appel à l'initiative individuelle : l'effort de chacun contribue au succès de tous, et M. Pierrard aurait pu ajouter, aux trois proverbes par lesquels il finit, celui-ci : Aide-toi et le ciel (ou plutôt la nature) t'aidera !

VALRÉAL.

Le *Courrier de Lyon* publiait, à la date du 4 avril 1885, l'article suivant :

Il nous vient de Londres, une brochure écrite par un Français, M. Paul Pierrard, bien connu des lecteurs de l'*Économiste français*, et dont les appréciations ont ce mérite particulier d'émaner d'un homme placé à l'étranger et dégagé de nos compétitions intérieures.

M. Pierrard a donné pour titre à son travail : *Comment résoudre les difficultés économiques actuelles?* Il commence par critiquer le penchant que nous avons en France, « de rendre nos gouvernants uniquement responsables des fâcheux résultats des affaires en général ». Puis, il examine les projets de loi relatifs aux surtaxes sur le blé et la viande.

S'autorisant de l'opinion irrécusable de M. Grandeau, il montre que le droit sur le blé, pour produire les effets attendus par les protectionnistes, devrait être de 15 francs par hectolitre, ce qui serait une calamité qu'aucun législateur n'oserait provoquer. » La vérité est que la France, sous le rapport du rendement, occupe un rang inférieur parmi les nations agricoles de l'Europe.

Passant à l'étude des conditions dans lesquelles s'exerce le commerce intérieur, M. Pierrard constate que le consommateur ne jouit pas du bon marché obtenu dans la production. Par exemple, il y a trente ans, quand le drap valait 25 francs le mètre, une redingote coûtait de 80 à 100 francs; aujourd'hui que le même tissu ne vaut plus que 15 francs, le même vête-coûte de 100 à 120 francs.

Cette augmentation tient à un renchérissement des salaires, mais elle a pour cause aussi « un déploiement de luxe d'installation » et un accroissement des frais généraux, parmi lesquels il faut comprendre « ces réclames qui coûtent des fortunes et qui sont supportées par le manufacturier comme par le public. »

L'auteur préconise l'établissement de syndicats de renseignements et de bourses de marchandises, comme il en existe en Angleterre, à Leeds, Huddersfield et Bradford.

En ce qui touche notre commerce extérieur et notre industrie, il faudrait nous garder de quelques erreurs; ne point nous laisser tromper par les mirages de la statistique; restreindre la publicité des rapports des chambres de commerce, qui deviennent, en temps de crise, des armes entre les mains de nos concurrents; ne pas ouvrir aussi facilement nos ateliers et nos bureaux aux étrangers; réglementer, comme en Angleterre, l'emploi des forces productives de l'industrie, en interdisant le travail du dimanche et le travail de nuit.

Sur ce dernier point, nous demeurons d'accord avec l'auteur que « la production exagérée entraîne la baisse des produits et que celle des salaires devient alors impérieuse. » Mais il nous paraît difficile de plier l'esprit français à ces mesures de défiance à l'égard des étrangers, qui sont si peu dans notre tempérament national.

M. Pierrard montre le danger qu'il y aurait pour la France à fermer ses frontières au moyen de tarifs. Le système n'a guère réussi aux États-Unis d'Amérique, et la meilleure preuve en est dans le tableau du commerce de ce pays avec la France.

Les États-Unis ont importé en France les valeurs suivantes :

1879	1883	1884
418,318,135 fr.	293,411,115 fr.	251,499,425 fr.

Nous avons, au contraire, exporté aux États-Unis, pendant les mêmes années :

253,423,005 fr.	489,945,820 fr.	354,212,005 fr.

C'est-à-dire que nos ventes ont gagné 100 millions, tandis que celles des Américains perdaient 200 millions.

Nous n'avons pu donner qu'un rapide aperçu de cette étude, dont la lecture se recommande, bien qu'il y ait quelques réserves à faire, notamment quand l'auteur propose d'établir un impôt exceptionnel « sur toutes les fortunes dépassant un million ou deux » et de « doubler, quadrupler, décupler les droits actuels de mutation; selon qu'une personne hérite de deux, quatre ou dix millions. »

En droit, la proposition est des plus contestables, et, en fait, nous ne voyons pas que le nombre des millionnaires ou polimillionnaires soit tel qu'on puisse espérer beaucoup de cette taxe. Le résultat le plus immédiat serait d'amener la conversion des grandes fortunes en titres au porteur, afin de les soustraire à cette fiscalité impitoyable.

La conclusion dernière de M. Pierrard est que la France n'aurait dû se laisser devancer par personne. Les récentes découvertes ont transformé les procédés d'exploitation. « Autrefois, la masse des Français pouvait gagner de l'argent en traitant les affaires en amateurs. Maintenant, il faut compter avec la rapidité des moyens employés, et la supériorité des hommes d'affaires avec lesquels on se trouve en contact à l'étranger. »

Lorsqu'une nation a pu donner lieu à un dicton comme celui qui a cours en Allemagne : « Il vit heureux comme un dieu en France », elle peut aisément aspirer à occuper le premier rang parmi les nations — ou à le reprendre, si elle s'est momentanément laissé distancer.

A. Lebont.

Le *Journal de Roubaix*, du 3 avril 1885, dit :

M. Paul Pierrard, courtier en laines à Londres, très connu à Roubaix et à Tourcoing, vient de publier une étude fort intéressante sur la situation agricole, industrielle et commerciale de la France. Les doctrines économiques de M. Pierrard diffèrent des nôtres sur plus d'un point. Il admet les *droits compensateurs*, mais l'énergie qu'il apporte à combattre dans sa brochure les droits sur les céréales que vient de voter le parlement français, indique que l'auteur appartient plutôt à l'École de P. Leroy-Beaulieu qu'à celle de Pouyer-Quertier. Cependant, nous avons lu son travail avec plaisir.

Il témoigne d'une grande connaissance des théories économiques et surtout du vif désir de l'auteur d'être utile à son pays; désir qui devient un fait, lorsqu'on saura que le produit de la vente de cette brochure est destiné à l'Hôpital français et à la Société de bienfaisance française de Londres.

Certaines idées émises par M. Pierrard sont, sinon neuves, du moins présentées sous un jour nouveau qui les rendent plus applicables, et nos lecteurs ne les liront pas sans profit.

Pour ces différentes raisons, nous avons accepté, de grand cœur, le dépôt de l'étude de M. Paul Pierrard, et nous invitons les commerçants et les industriels qui nous lisent à coopérer à l'œuvre de bienfaisance et de patriotisme de notre compatriote, en faisant l'acquisition de sa brochure.

A la date du 11 mars 1885, le *Courrier de la Champagne* s'exprime ainsi :

Nous avons déjà parlé d'une brochure due à M. Paul Pierrard, notre compatriote, courtier à Londres. Elle porte pour titre : *Comment résoudre les difficultés économiques actuelles ?*

Le *Temps* consacre un article bibliographique à l'étude de M. Pierrard.

Suivent les extraits des principaux passages de l'analyse de l'article publié dans le *Temps*. Après ces extraits, le *Courrier de la Champagne* ajoute :

Tout en faisant les mêmes réserves que le *Temps*, nous croyons que l'on trouvera profit à lire le travail de M. Pierrard. Il est en vente, *au profit de l'hôpital français de Londres*, chez M. Michaud, libraire, rue du Cadran-Saint-Pierre.

On lit dans le *Journal d'Amiens*, du 22 avril :

Sous ce titre : *Comment résoudre les difficultés économiques actuelles*, M. Paul Pierrard, courtier français à Londres, vient de publier une brochure qui nous paraît des plus instructives, comme aussi des plus *suggestives*, fort remarquable en un mot.

Elle se recommande à toute l'attention de nos lecteurs, à un double titre :

1° Elle est vendue au profit de l'hôpital français de Londres;

2° Il n'est pas nécessaire d'en avoir lu beaucoup de pages pour se convaincre qu'elle tient toutes les promesses indiquées dans l'introduction.

Les gens qui ne se payent pas de mots, qui savent combien il est facile d'aligner sur le papier des théories séduisantes, et combien il est difficile de mettre quelque logique dans la pratique quotidienne des faits, reconnaîtront immédiatement dans ces quelques lignes la marque d'un esprit qui sort du commun et qui cherche sincèrement la vérité.

« Des faits, encore des faits et toujours des faits », disent avec raison les Anglais qui ont découvert, il y a longtemps, cette vérité encore trop contestée en France, à savoir que les hommes sont jugés par leurs actes et non point par leurs programmes.

L'auteur du travail en question s'est inspiré de ce cri. Ce sont ses observations de trente ans qu'il livre au public. Les extraits nombreux que nous

nous proposons d'en faire justifieront mieux encore de leur sagesse et de leur opportunité.

Voici les *Considérations générales* qui servent d'entrée en matière, à M. Pierrard. (Voir les pages 7 et 8.)

Nous extrayons ce qui suit des *Projets de réformes et d'améliorations commerciales*, indiqués par M. Paul Pierrard, dans la brochure dont nous avons parlé et qui se vend dans nos bureaux au profit de l'hôpital français de Londres. (Voir les pages 15, 16 et 17.)

Nous ne sommes pas bien sûrs que ces syndicats de fabricants seraient faciles à organiser, ni qu'ils pourraient opérer avec beaucoup moins de frais que les grands bazars en question, mais les considérations qui suivent, sur l'utilité de ces syndicats à l'étranger, sont incontestables ; elles font en même temps bien ressortir les avantages inhérents à tous les grands centres de production, avantages que nous indiquions récemment dans un article intitulé le *Manchester français*.

Le 26 mars 1885, l'*Echo des Ardennes*, journal de Sedan, s'exprimait ainsi :

M. Paul Pierrard, courtier à Londres, vient de publier sous ce titre : *Comment résoudre les difficultés économiques actuelles?* une intéressante étude sur la situation agricole, industrielle et commerciale en France, et les moyens proposés, en 1885, pour l'améliorer.

Cette brochure est en vente chez Mlle Sophie Husson, libraire, Grande-Rue, 22, Sedan, au prix de 1 fr. 50, au profit de la Société de bienfaisance et de l'Hôpital français à Londres.

Nous croyons édifier nos lecteurs sur la valeur de cette brochure en en reproduisant ici la *conclusion :*

(Suit la copie des pages de l'œuvre).

Sous ce titre : *Quelques chiffres*, le *Sémaphore* de Marseille, publie, à la date du 14 mars, l'article suivant :

M. Paul Pierrard, l'un des courtiers les plus connus de Londres, nous a adressé, ces jours-ci, une intéressante brochure, qui traite des « moyens de résoudre les difficultés actuelles ». L'auteur est un homme pratique, raisonnant sur les faits et non sur les théories. Il n'est, à proprement parler, ni libre-échangiste, ni protectionniste ; il n'est pas même *fair trader*, comme s'intitulent les adhérents de la nouvelle école anglaise. Il se contente d'observer, et l'observation le conduit à une conclusion que nous approuvons fort : c'est qu'on fait fausse route en croyant rectifier, par des surtaxes sur les produits alimentaires, l'équilibre rompu par un excès de production qui, pour certains pays, a été la conséquence d'une protection exagérée et excessive.

Il n'entre pas dans notre cadre d'examiner, un à un, et par le menu, tous les remèdes proposés par M. Paul Pierrard. Il en est dont l'application serait difficile, parce que nos mœurs, nos habitudes, quelquefois nos préjugés, opposeraient une trop grande résistance, au moins dans le moment actuel. D'autres sont d'une application aisée. Certains, enfin, sont déjà pratiqués.

En matière commerciale, M. Pierrard démontre que c'est folie à un pays producteur comme la France, à un pays qui doit nécessairement exporter une portion très considérable de ses produits, de renchérir par des surtaxes la vie matérielle chez lui, de façon à augmenter le prix de revient des marchandises qu'il envoie sur les marchés étrangers, en concurrence avec les producteurs d'articles similaires des autres nations. Il est également d'avis que, si l'on s'applique à viser, dans les relèvements de droits, l'importation des produits que telle nation fournit à la France, celle-ci peut bien opposer des barrières à l'importation des produits français, ce dont nous pâtirions. Nous avons donc intérêt à ménager ces consommateurs, surtout quand ils se comptent par millions.

Prenant l'exemple des Etats-Unis, il cite à l'appui de sa thèse ces quelques chiffres, qu'on aurait tort de négliger. Les Etats-Unis ont importé en France pour 448 millions de francs en 1879; en 1883, cette importation était tombée à 293 millions; en 1884, elle n'a plus été que de 254 millions.

De son côté, la France, qui avait exporté aux Etats-Unis pour 253 millions de francs en 1879, avait élevé son exportation à 489 millions en 1883, pour retomber à 354 millions en 1884.

M. Pierrard ne peut méconnaître qu'au courant des deux dernières années, il y a eu diminution de notre exportation. Mais il insiste avec raison sur ce fait que, si nous avons reçu pour 254 millions de marchandises des États-Unis, nous leur avons envoyé pour 354 millions durant cette même année, et nous avons eu là un écart de 100 millions en notre faveur, qui n'est pas tant à dédaigner, et qui prouve que tous les pays ont un intérêt majeur de ménager cette nation américaine qui compte 51 millions de consommateurs.

Étudiant la crise commerciale actuelle, qui sévit partout avec des degrés inégaux d'intensité, et qui n'est ni le fait du libre-échange, ni le fait de la protection, ni le résultat d'un système mixte tel que celui que nous pratiquons en France, M. Pierrard produit encore un tableau comparatif également intéressant. Aux partisans de la thèse qu'il faut, pour qu'un pays soit réputé prospère, que ses exportations excèdent ses importations, il montre l'Angleterre où, en 1883, l'importation a donné un excédant de 3.001 millions de francs, et, en 1884, un excédant de 2.360 millions. En France, cet excédant a été moindre : il a été seulement de 1.352 millions en 1883, et de 1.176 millions en 1884. Aux États-Unis, c'est un phénomène inverse : les exportations excèdent l'importation de 503 millions en 1883, de 364 millions en 1884. Mais ces chiffres ne disent rien au point de vue de l'intensité de la crise. Mieux vaut regarder les variations à un autre point de vue et se rendre compte qu'en 1883 et 1884, l'importation de l'Angleterre a diminué de 896 millions et son exportation de 252 millions.

En France, l'importation en 1884 a été en décroissance de 278 millions par rapport à 1883, et l'exportation a décru de 102 millions seulement. Quant aux États-Unis, pays prospère, dit-on, grâce à la protection, — ce que les faits contredisent — leur importation a diminué de 278 millions, mais leur exportation a subi un bien autre coup que celle de la France : elle est en baisse de 117 millions en 1884, par rapport à 1883.

Les conclusions de M. Paul Pierrard tendent à prouver qu'il faut arriver à l'application d'un système de commerce international équilibré ou compensateur, qui trouverait sa formule dans des conventions commerciales rationnelles, dont il indique les caractères principaux. Nous voudrions

faire un large emprunt à son travail; mais la place nous est mesurée.
Nous nous bornons donc, — et c'est là tout notre désir, — à signaler son
travail à ceux qui s'intéressent au développement de notre commerce, à la
prospérité de nos industries, à l'avenir économique de la France. Il vaut la
peine d'être lu avec soin et on en tirera certainement profit.

Le *Courrier de l'Europe*, journal de Londres, publie aussi, à la
date du 4 avril 1885, les lignes suivantes :

Nous avions annoncé un compte rendu de la si intéressante brochure de
M. Paul Pierrard. Mais le journaliste propose et les évènements disposent.
Honteux d'être en retard, nous allions nous mettre à l'œuvre quand nous
avons trouvé dans le *Temps*, notre travail tout fait. L'attention que notre
grand confrère consacre aux idées de M. Pierrard prouve suffisamment
quel cas en font les hommes compétents.

On nous pardonnera donc si nous nous contentons de reproduire l'article
du *Temps*, article qui a plus de portée que nos éloges personnels.

(Suit la reproduction textuelle du compte rendu du journal le *Temps*, en
date du 26 mars 1885, et que nous avons publié d'autre part).

TABLE DES MATIÈRES

PREMIÈRE PARTIE
CONSIDÉRATIONS GÉNÉRALES

DEUXIÈME PARTIE
EXAMEN DU PROJET D'AUGMENTATION DES DROITS SUR LE BLÉ ET LES BESTIAUX

TROISIÈME PARTIE
PROJETS DE RÉFORMES ET D'AMÉLIORATIONS COMMERCIALES

Pages

QUATRIÈME PARTIE

SUGGESTIONS ULTÉRIEURES POUR AMÉLIORER LA SITUATION COMMERCIALE ET INDUSTRIELLE

CINQUIÈME PARTIE

LE LIBRE-ÉCHANGE, LA PROTECTION ET LE COMMERCE INTERNATIONAL COMPENSATEUR

SIXIÈME PARTIE

L'ACCROISSEMENT DE LA FORTUNE ET LES MOYENS DE L'UTILISER

Paris. — Imprimerie C. Pariset, 101, rue de Richelieu.

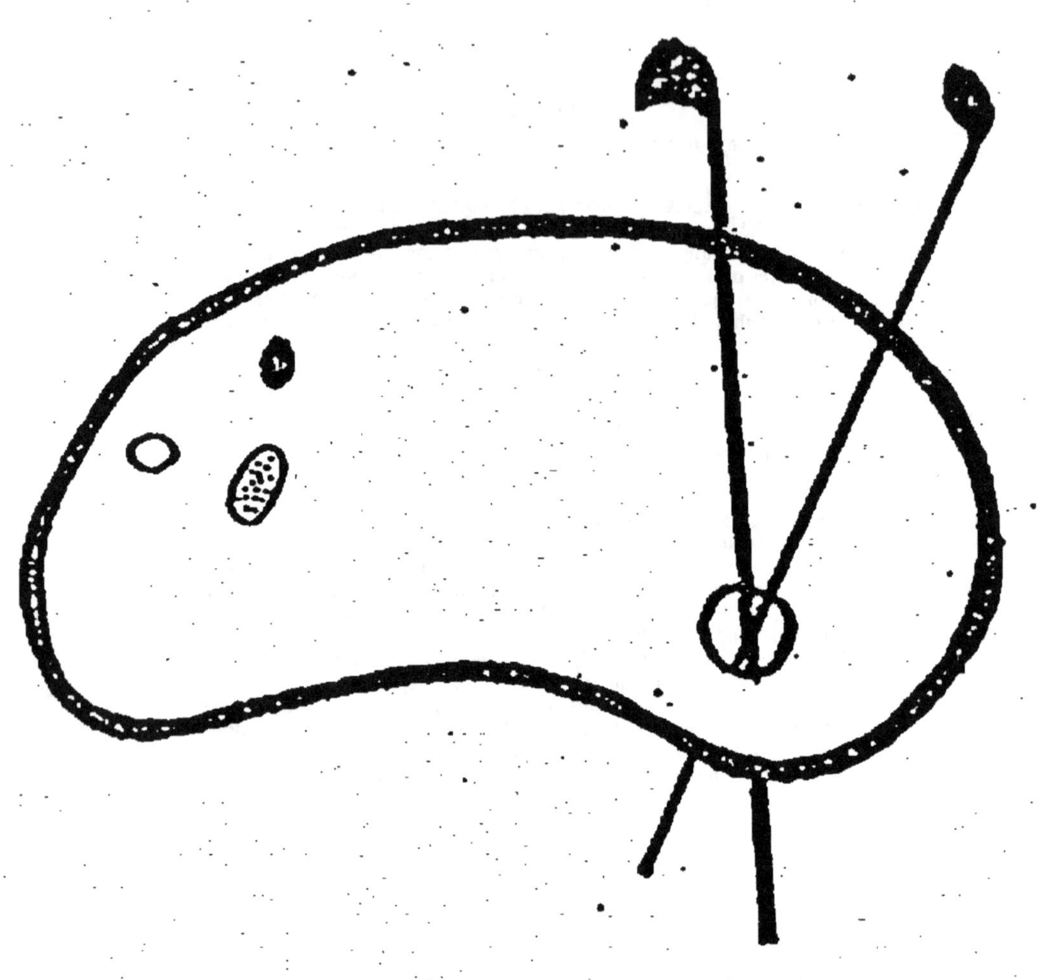

ORIGINAL EN COULEUR
NF Z 43-120-8